Paris

1875

Larroque, Patrice

De la création d'un code de droit international et de l'institution d'un haut tribunal

Juge souverain des différends internationaux

PATRICE LARROQUE

DE LA CRÉATION D'UN CODE DE DROIT INTERNATIONAL ET DE L'INSTITUTION D'UN HAUT TRIBUNAL JUGE SOUVERAIN DES DIFFÉRENDS INTERNATIONAUX

Membra sumus corporis magni :
Natura nos cognatos edidit.
(Sénèque, *Epistola*, 95.)

PARIS
HENRI BELLAIRE, LIBRAIRE-ÉDITEUR,
RUE DES SAINTS-PÈRES, 71

1875

DE LA CRÉATION

D'UN

CODE DE DROIT

INTERNATIONAL

OUVRAGES DU MÊME AUTEUR.

EXAMEN CRITIQUE DES DOCTRINES DE LA RELIGION CHRÉTIENNE. 2 volumes grand in-8°, 4e édition, 15 fr.

RÉNOVATION RELIGIEUSE. 1 volume grand in-8°, 4e édition, 7 fr. 50.

DE LA GUERRE ET DES ARMÉES PERMANENTES. 1 volume in-8°, 3e édition, 6 fr.

DE L'ESCLAVAGE CHEZ LES NATIONS CHRÉTIENNES. 1 volume in-18, 3e édition, 3 fr.

DE L'ORGANISATION DU GOUVERNEMENT RÉPUBLICAIN. 1 volume in-8°, 5 fr.

PATRICE LARROQUE

DE LA CRÉATION

D'UN

CODE DE DROIT INTERNATIONAL

ET

DE L'INSTITUTION

D'UN HAUT TRIBUNAL

JUGE SOUVERAIN

DES DIFFÉRENDS INTERNATIONAUX

Membra sumus corporis magni :
Natura nos cognatos edidit.
(Sénèque, *Epistola* 95.)

PARIS
HENRI BELLAIRE, LIBRAIRE-ÉDITEUR,
RUE DES SAINTS-PÈRES, 71

1875

DE LA CRÉATION

D'UN

CODE DE DROIT INTERNATIONAL

AVANT-PROPOS

L'Europe présente à cette heure le spectacle le plus attristant non-seulement pour le philosophe mais pour quiconque est quelque peu initié à la science sociale. La plus effroyable guerre a éclaté soudainement entre deux races, issues d'une même origine, faites pour s'estimer mutuellement et se donner la main. Cette guerre, qui ne saurait être trop maudite, soit à cause des incalculables désastres qu'elle a produits, soit surtout à cause du trouble moral qu'elle a jeté dans les esprits, est un enseignement qui plaide trop éloquemment la cause des amis de la paix. Mais, quand le souvenir encore tout vivant de ses derniers ravages devrait inspirer la plus profonde horreur, voilà que de toutes parts et particulièrement en Allemagne et en France on se prépare à affronter de nouveaux carnages. Après la rude leçon qu'elle vient de recevoir, leçon qui n'était qu'un châtiment trop mérité pour l'immense faute qu'elle avait commise en faisant pendant vingt ans litière de toutes ses libertés à un régime de violence et d'improbité, la France avait toutes raisons pour procéder à un désarmement qui était d'ailleurs le seul moyen de pourvoir à ses nouvelles nécessités financières. Au contraire ses gouvernants veulent avoir une armée plus nombreuse et plus coûteuse qu'elle n'a jamais été. En présence du vertige universel qui semble menacer l'Europe d'un retour aux temps les plus ténébreux et les plus inhumains, on se prendrait à désespérer du progrès de l'éducation de notre espèce. Eh bien ! non, ne désespérons pas, et que les obstacles qui surgissent à nouveau ne fassent que stimuler notre zèle.

Depuis longtemps déjà de nombreux écrits ont montré les vices de l'organisation actuelle de la force publique. En Amérique, en Angleterre, en France, en Suisse, en Belgique, en Hollande, des Sociétés se sont formées dans ce but et continuent de travailler à la plus noble cause avec un dévouement infatigable. La Société de la paix de Londres en particulier, animée par l'ardeur de son secrétaire, est à la tête de cette sainte croisade. Et cependant combien d'esprits et de ceux qui comptent et qui pèsent dans les résolutions, chez lesquels la lumière n'est pas encore faite sur ces graves questions de guerre et d'armées permanentes ! Il faut donc reprendre cette thèse et la mener à un degré d'évidence tel que les intelligences les moins cultivées ne puissent se refuser aux conclusions auxquelles elle aboutit.

CHAPITRE PREMIER

NÉCESSITÉ D'UNE INSTITUTION DEVANT METTRE UN TERME A LA SITUATION ACTUELLE.

Il y a bientôt vingt ans que je publiais mon livre *De la Guerre et des armées permanentes*, dont la dernière édition a paru en 1870, à la veille de cette terrible guerre que j'annonçais comme devant mettre le comble à nos précédents désastres militaires par la catastrophe d'une troisième invasion. J'y traitais des maux que l'organisation actuelle de la force publique engendre dans l'ordre matériel et surtout dans l'ordre moral, ruines des finances des Etats, obstacles au progrès dans la voie libérale, démoralisation, dépopulation et abâtardissement des races. J'y traitais en même temps de la possibilité de substituer à cet état de choses, ruineux autant que démoralisant, un autre système de défense de l'indépendance nationale, qui ne coûterait rien ou presque rien à l'Etat. Je renvoie à cet ouvrage les personnes qui, ayant été empêchées par tant de circonstances dominantes de la vie de méditer sur les désordres causés par les armées permanentes et sur l'inanité des arguments de leurs partisans, ne sont pas encore pénétrées d'une aversion suffisante pour la guerre. Qu'elles me permettent d'ajouter que cette lecture préalable leur serait une utile préparation à l'intelligence d'un écrit traitant de la nécessité d'un Code de droit international et de l'institution d'un haut Tribunal, juge souverain des différends internationaux. Comment en effet s'intéresser au but que nous poursuivons si l'on demeure enveloppé des ténèbres de tant de sophismes qui ont cours dans les livres et les discours? La généralité des esprits, qui est encore si loin d'être convaincue de la criminalité des guerres offensives, ne manquerait pas de nous opposer cette fin de non-recevoir: « A quoi bon chercher un moyen de rendre désormais impossible ce qui est dans la nature même des choses, d'empêcher un mal nécessaire, de guérir l'humanité d'une maladie incurable? » Je suppose donc le lecteur dégagé des préventions et des faux jugements qui pourraient l'arrêter dès l'entrée.

Les questions spéciales que je me propose de traiter ici, n'avaient été qu'indiquées sommairement dans le livre *De la Guerre et des armées permanentes*, dont le présent ouvrage doit par conséquent être considéré comme le complément nécessaire. Nous voudrions faire pénétrer nos convictions non pas seulement dans les hautes classes sociales, qui ne sont malheureusement pas les plus empressées à travailler à l'ayancement politique parce qu'elles ont des intérêts de plus d'une sorte qui s'y opposent, mais dans toutes les autres classes sans l'assentiment desquelles aucun progrès ne peut s'effectuer, particulièrement de ces classes, les plus nombreuses, qui n'ont ni l'instruction suffisante ni les loisirs nécessaires pour suivre les longues études et les longues discussions. Cette condition imposait donc à cet ouvrage une étendue limitée et de nature à appeler les méditations à la fois des savants et des ignorants. Quoique cette double exigence ne fît, aux yeux du moins de ceux qui savent quelles sont les difficultés pratiques de l'art d'écrire, que rendre la tâche plus ardue, j'ai osé l'aborder, soutenu par l'espoir qu'on me tiendrait compte des efforts que j'aurai faits pour la remplir dignement.

Voyez si le temps presse d'aviser. Il y a aujourd'hui en Europe au moins cinq millions d'hommes sous les armes, et ce nombre pourrait être doublé, sur un signe des gouvernements, par l'appel des milices, landwehrs, troupes mobilisables, etc., appel qui, facilité par les télégraphes et les chemins de fer, s'effectuerait en quelques jours. Les habitudes disciplinaires du métier des armes sont d'une telle rigidité et produisent un tel obscurcissement de l'intelligence et des sentiments humains, que ces millions d'hommes n'hésiteraient pas, sur un autre signe de leurs chefs, à s'entr'égorger et à ravager les propriétés des populations inoffensives qui se trouveraient sur leur passage, sans savoir le premier mot du pourquoi de l'ordre qui leur serait intimé. D'un instant à l'autre, par le seul fait de la volonté de quelques hommes investis du pouvoir de faire la guerre ou la paix, dix millions de combattants peuvent ainsi être lancés les uns contre les autres. Aux yeux de tout homme dont le sens moral n'a pas été dénaturé par les intérêts ou les préjugés, autant est digne d'estime et de respect celui qui s'arme pour la défense de l'opprimé ou pour soutenir l'indépendance de la patrie injustement attaquée, autant mérite le blâme celui qui consent à se battre pour toute espèce de cause, se faisant ainsi l'instrument aveugle de la force et recherchant des avantages personnels dans un pareil emploi des facultés physiques et intellectuelles. Le plus souvent l'humble et ignorant soldat, arraché aux paisibles et utiles travaux des champs ou de l'industrie, et contraint par la loi de se battre obscurément, sans recueillir ni honneurs ni avantages d'aucune sorte, est uniquement à plaindre. Mais les chefs ont pour la plupart embrassé par choix la carrière militaire, et beaucoup d'entre eux sont doués de qualités éminentes, déplorablement détournées des œuvres méritoires auxquelles elles demandaient naturellement à être appliquées ; lors donc qu'ils consentent à se battre aveuglément, ils sont d'autant moins excusables qu'ils sont supposés pouvoir mieux juger de la justice ou de l'injustice d'une cause. Parcourez les histoires des guerres entreprises non-seulement dans les temps de la barbarie antique, mais dans les temps modernes où les progrès de la civilisation sont censés inspirer plus de respect pour le droit et la justice, et voyez si les chefs qui ont pris part à ces guerres, particulièrement ceux des rangs supérieurs, se sont inquiétés de savoir si elles étaient justes. A part quelques rares exceptions, qui méritent par cela même d'être plus honorées, ont-ils refusé leur concours à celles qui étaient manifestement iniques et se sont-ils démis de commandements acceptés librement (1) ? Ne les a-t-on pas vus au contraire tout glorieux de leur rôle et exécutant sans remords les actes cruels et dévastateurs

(1) Dans ses *Souvenirs militaires*, de 1804 à 1814, liv. Ier, chap. III, Paris, 1866, le général de Fézensac nous dit que Bonaparte n'aimait pas les officiers démis-

que la guerre a coutume d'enfanter? Ne les a-t-on pas entendus maintes fois déclarer que, s'ils hésitaient à se battre sur l'ordre quelconque du maître, ils croiraient manquer au premier devoir de leur profession et se tiendraient pour déshonorés? Beaucoup de personnes, de celles même qui n'aiment point la guerre, s'étonneront de ce que nous venons de dire des chefs militaires, tant les traditions et les pratiques de la profession, telle que l'ont faite de longs siècles de despotisme, ont altéré dans les intelligences les notions du bien et du mal, du juste et de l'injuste. Mais cet étonnement même de gens judicieux et honnêtes en toute autre matière est un signe caractéristique de l'excès de perversion où la conscience publique a été amenée par les insti-

---

sionnaires. Cela se conçoit : ce devaient être, à ses yeux, des raisonneurs réfléchissant sur la besogne qu'il leur faisait faire, en goûtant médiocrement les charmes et l'exécutant mollement.

tutions militaires. Isolés dans la vie ordinaire, les attentats contre les personnes et les propriétés y soulèvent la réprobation et appellent le châtiment. Commis en grand par des hommes portant sous un habit militaire des armes qui ne devaient leur être confiées que pour protéger les faibles contre toutes violences, non-seulement ils n'inspirent plus la même répulsion, mais on les décrit de sang-froid, on les raconte agréablement. Quel renversement de tout sens et de toute moralité! La dévastation des cultures? Innocentes maraudes de troupiers affamés. Le meurtre, le pillage, l'incendie, la destruction des édifices publics et privés et des diverses voies de communication? Mesures nécessaires de salut ou justes représailles (1). La vie dissolue, ajou-

---

(1) Sans remonter jusqu'à ces pieux croisés qui, maîtres de Jérusalem, y égorgent tout ce qu'ils rencontrent (*Historia major Anglorum*, Londres, 1640, par le bénédictin Matthieu Paris), et sans descendre jusqu'aux actes

tée en manière d'intermède à ces fureurs et se faisant de la séduction un jeu cruel aux dépens

---

d'odieuse sauvagerie exercés de nos jours, soit par les Français dans les guerres d'Afrique et du Mexique, soit par les Prussiens dans la dernière guerre franco-allemande, je mentionnerai entre mille quelques faits empruntés à l'histoire du premier Napoléon.

« Nous étions maîtres de la ville (Jaffa), qui, pendant vingt-quatre heures, fut livrée au pillage et à toutes *les horreurs de la guerre, qui jamais ne m'a paru aussi hideuse.* 4,000 hommes de troupes de Djezzar ont été passés au fil de l'épée; il y avait 800 canonniers. Une partie des habitants a été massacrée..... J'ai été clément envers les Egyptiens autant que je l'ai été pour le peuple de Jaffa, mais sévère envers la garnison qui s'est laissé prendre les armes à la main. » (*Correspondance de Napoléon Ier*, tome V, Paris, 1860.) Parler de leur horreur de la guerre est un acte d'hypocrisie auquel les chefs militaires n'hésitent jamais à recourir dans l'occasion. S'ils avaient véritablement horreur de la guerre, ils auraient horreur du métier qui consiste à la faire comme la font généralement les militaires de profession. On remarquera que l'hypocrisie revêt ici un caractère particulièrement odieux; car c'était Napoléon lui-même qui ordonnait les affreuses exécutions sur lesquelles il feint de s'apitoyer.

du sexe qui a le plus de droits à nos respects et à notre protection contre ses propres faiblesses?

« Vous ordonnerez à l'adjudant-général de service de conduire tous les canonniers et autres Turcs, pris les armes à la main à Jaffa, au bord de la mer, et de les faire fusiller, *en prenant ses précautions de manière qu'il n'en échappe aucun.* » (*Ibidem.*)

Bataille d'Iéna, 1806. — Après avoir décrit l'incendie de cette ville et les massacres qu'exécute dans les rues de Weimar la cavalerie de Murat, sabrant sans pitié tout ce qui n'était pas assez prompt à jeter ses armes, M. Thiers s'écrie : « Scènes terribles, dont l'aspect serait intolérable, *si le génie, si l'héroïsme déployés n'en rachetaient l'horreur, et si la gloire, cette lumière qui embellit tout, ne venait les envelopper de ses rayons éblouissants.* » (*Histoire du Consulat et de l'Empire*, liv. XXV, tome VII, Paris, 1847.) C'est avec de pareilles phrases que des historiens, aussi faciles à se laisser *éblouir* que l'est M. Thiers, brouillent dans l'esprit du vulgaire toutes les notions du bien et du mal.

Bataille de Raab, 1809. — « Une charge de toute notre cavalerie, dirigée par Montbrun et Grouchy, ayant fait plier les troupes qui occupent les abords de la ferme, ses défenseurs réduits à eux-mêmes commencent à faiblir. Ils ne songent pas un instant à se rendre et leur feu

Simple passe-temps de héros en gaieté. Et que de fois encore, non pas seulement aux époques

---

n'en est pas moins meurtrier. A la suite d'une longue et sanglante résistance, ils succombent enfin sous les efforts réunis des généraux Séras et Roussel. Les portes sont enfoncées à coups de hache, nos soldats irrités se précipitent par cette brèche, massacrant tout ce qui se présente, puis, pour en finir plus vite, ils mettent le feu à la ferme, et les derniers survivants de cette boucherie sont brûlés vifs. » (Lanfrey, *Histoire de Napoléon Ier*, tome V, chap. Ier, Paris, 1875.)

Bataille de Wagram, 1809. — « On avait concentré contre ce malheureux village (Enzersdorf) jusqu'à cinquante-huit pièces d'artillerie qui devaient le brûler et le raser en quelques instants. » (*Ibidem.*)

Guerre d'Espagne et de Portugal, 1810. — « Nos détachements qui fouillaient le pays dans toutes les directions, jusqu'à quinze et vingt lieues de distance, y trouvaient encore des provisions. Mais il fallait le plus souvent les arracher à de malheureux paysans, réfugiés avec leurs familles sur les montagnes ou dans les bois, ce qui était les réduire à mourir de faim. Ces scènes de violence, constamment répétées, démoralisaient les soldats, elles développaient parmi eux de véritables habitudes de brigandage..... Des détachements d'hommes barbares mais dans les temps modernes, n'est-il pas arrivé qu'au milieu de l'ivresse du succès et

---

armés et sans armes, a écrit Marmont, se formaient dans chaque régiment pour explorer le pays et enlever tout ce qu'ils trouveraient. Rencontraient-ils un Portugais, ils le saisissaient et le mettaient à la torture, pour obtenir de lui des révélations sur le lieu où étaient cachées les subsistances. *On pendait au rouge*, c'était une première menace; *on pendait au bleu*, et puis la mort arrivait. » (*Ibidem*, chap. IX.) Après avoir cité ce témoignage, extrait du tome IV des *Mémoires* de Marmont, M. Lanfrey ajoute : « Tels étaient les moyens de civilisation employés par Napoléon dans le même temps où il se faisait décerner par son Sénat le titre de régénérateur de l'Espagne ». On sait en effet que Napoléon disait et écrivait en maintes occasions que *la guerre doit nourrir la guerre*.

Bataille de Ligny, 1815. — « Pendant la courte halte de la garde devant Ligny, le général Roguet, colonel en second des grenadiers à pied, avait réuni les officiers et les sous-officiers, et leur avait dit : Prévenez les grenadiers que le premier qui m'amènera un Prussien prisonnier, sera fusillé. Paroles féroces auxquelles, à deux jours de là, devaient répondre de féroces représailles. » (Le lieutenant-colonel Charras, *Histoire de la campagne* de l'orgie du pillage, on allât jusqu'au viol même, cet objet d'horreur, si universellement et si sé-

---

de 1815, chap. VIII, Bruxelles, 1857.) Voilà un général dont le devoir est de modérer et, au besoin, de réprimer les fureurs de ses soldats, et qui non-seulement leur souffle la rage au cœur, mais menace de mort ceux qui ne se montreront pas aussi atroces qu'il l'est lui-même !

« Alors s'engage, dans le village entier, une des luttes les plus acharnées dont l'histoire ait gardé le souvenir. Prussiens et Français sont confondus dans la plus effroyable mêlée, donnant et recevant la mort sans que nul ne songe à demander quartier. Les officiers eux-mêmes ont pris le fusil. Ce n'est pas un combat, ce sont mille combats qui se livrent à la fois. Chaque rue, chaque bâtiment, chaque clôture est attaquée et défendue avec fureur. On se fusille, on se déchire à la bayonnette, on s'assomme à coups de crosse, sur les degrés des maisons, dans les chambres, dans les étables ; on se poursuit, on se tue jusqu'au milieu des incendies qui éclatent à chaque instant. La bravoure est devenue de la férocité..... L'aspect de ce théâtre de carnage était horrible, ont dit les témoins oculaires. Dans les rues, les maisons, les jardins, les cadavres étaient par monceaux. La principale rue de Ligny était encombrée de débris vèrement puni en civilisation ! Et il y a des auteurs qui décrivent ces homicides, ces dévastations et ces infamies avec toutes les grâces du style, ne visant à d'autre résultat que de procurer le plus de distraction possible à une masse d'oisifs encore plus bêtes que méchants ! On est saisi d'un sentiment d'effroi, mêlé de dégoût, à la pensée de l'incomparable folie de nations qui passent pour les plus éclairées du globe et qui n'ont pas encore su trouver le moyen de s'opposer à de telles ignominies. Et l'on sait ce que coûtent ces ignominies ! La dette publique de l'Europe, causée par la guerre, s'élève à 80 milliards, et dans ce total monstre la dette de la France figure aujourd'hui pour un chiffre

---

humains, écrasés, broyés sous les roues de l'artillerie, qui avait passé au galop sur les morts et les mourants ; des rives du ruisseau au moulin de Bussy, on se heurtait, à chaque pas, aux cadavres et aux blessés. » (*Ibidem*, chap. VIII et XI.)

de plus de 18 milliards. Elle était de moins de 5 milliards en 1848, lors de l'avénement de Louis Napoléon au pouvoir, et ce sont les dilapidations commises par ce dernier représentant d'une dynastie maudite, dans les guerres où il a engagé le pays, qui lui ont fait atteindre ses accroissements actuels.

Toutes les conventions imposées de force n'ont fait jusqu'ici qu'animer la haine des vaincus et leur désir de se venger aussitôt qu'ils ont cru pouvoir le faire. Les traités scellés par le glaive ont été successivement déchirés par le glaive ; ils n'ont servi qu'à couvrir les ressentiments, qui ont attendu le moment favorable pour se déchaîner de nouveau, un peuple n'étant jamais l'âmi sincère d'un voisin qui l'aura violemment humilié et amoindri. Qu'on passe en revue, par exemple, les nombreux traités qui ont prétendu assurer la paix de l'Europe, depuis ceux de Westphalie en 1648 et des Pyrénées en 1659 jusqu'à ceux d'Amiens en 1802 et de Paris en 1814, et l'on se convaincra de cette triste vérité, qu'ils n'ont fait qu'apporter une trève momentanée et trompeuse aux calamités de la guerre. C'est donc par d'autres voies qu'il faut arriver à maintenir la concorde entre les populations composant les divers Etats politiques, et qui ne sont, malgré l'infinie variété de leurs caractères propres, que les divers membres de la même famille. On ne saurait prétendre que ces voies n'existent pas ; car cela reviendrait à dire que le règne du mal en ce monde n'est susceptible d'aucune atténuation ; ce serait blasphémer l'Auteur suprême de la nature, qui nous ayant pourvus des moyens de diminuer sans cesse la somme du mal au profit de celle du bien, nous a par là même chargés de ce soin. Les moyens à employer pour atteindre à ce but devront reposer sur des conventions non plus imposées par la violence, mais entièrement libres de la part de toutes les parties contractantes. Il n'y a de bons traités et ayant des chances de durée que ceux qui stipulent, dans les conditions de parfaite égalité, des engagements destinés à assurer les intérêts communs et à procurer des avantages réciproques.

Les congrès n'ont certes pas fait défaut jusqu'ici. Mais ils intervenaient après la guerre, au lieu d'intervenir auparavant, et leurs protocoles, conventions et actes diplomatiques de toutes sortes ont trop souvent créé de nouveaux prétextes de désaccord. Ce n'est donc pas là une institution en rapport avec le progrès qu'a fait l'esprit public ; ce qu'il réclame, c'est une institution permanente et toujours en mesure de prévenir la guerre et de l'empêcher. Je l'ai indiquée, non-seulement dès l'époque où le second Empire, qui s'était annoncé comme devant être la paix, commençait en Crimée cette série de guerres qui devaient mener la France à l'abyme, mais longtemps même auparavant. J'écrivais dès 1838 : « Il n'est nullement impossible de réaliser une vaste alliance des peuples, ayant pour but l'institution d'un Tribunal supérieur, qui dirait le droit des gens, et qui serait pourvu au besoin d'une force suffisante pour faire exécuter ses jugements. Si, dans l'état actuel de division des sociétés politiques, cette combinaison est encore loin d'être réalisée, c'est un des principaux buts vers lesquels nous mènent et le perfectionnement progressif de la civilisation, et ces sentiments d'humanité et de bienveillance universelle, qui tempèrent le sentiment naturel, mais trop souvent étroit et cruel, de nationalité. Alors seulement il sera possible de supprimer ces armées qui appauvrissent les nations, les démoralisent en amusant les ennuis d'un célibat forcé, arrêtent ou retardent le progrès des idées vraiment libérales par l'appui que certains gouvernants sont toujours sûrs d'en obtenir en échange de leurs honneurs et de leur or, sont enfin la cause principale des guerres auxquelles elles poussent sans cesse par instinct et par intérêt. » (*Cours de philosophie*, 4me partie, ch. VI). A l'appui de cette dernière réflexion, je citais ce mot du vieux maréchal de Biron, gourmandant son fils qui avait ouvert un avis propre à mettre fin à la guerre : « Maître sot, ne voyez-vous pas que, la paix faite, il vous faudra aller planter des choux ? »

La récente convention de Genève, en réglant heureusement l'affaire de l'Alabama, a fait faire un pas à la question sans la mener encore au but, à cause du caractère accidentel et purement arbitral des juges, et parce que les deux grandes nations qui avaient eu la sagesse d'invoquer cette médiation, ne s'étaient point engagées à renoncer au prétendu droit ultérieur de recourir à la guerre. On sait en effet qu'il s'en est peu fallu qu'elle n'éclatât, et que, si ce nouveau fléau a été épargné au monde, c'est grâce à l'épouvante imprimée toute vive encore dans les âmes par le souvenir de la récente collision franco-allemande. Quelque excellent que soit en lui-même l'arbitrage, de quelque ressource qu'il ait pu être dans le passé et qu'il puisse être encore dans le présent et en attendant mieux, il est insuffisant et il ne saurait remplacer une juridiction établie en permanence et aux décisions de laquelle les parties adverses se seraient reconnues par avance obligées de se soumettre. L'arbitrage est, selon l'ingénieuse image employée par M. Frédéric Seebohm, *une planche dans un naufrage*, mais *non un moyen habituel de navigation* : « Il donne lieu, dit cet auteur, à toutes les objections que l'on oppose avec raison à une loi promulguée sur un fait particulier après qu'il a eu lieu. Il manque de cette garantie que donne l'impartialité parfaite qui constitue l'essence même des lois statuant pour l'avenir et pour des cas semblables, abstraction faite de tout fait particulier actuel et sans acception de personnes, quelles que soient les parties intéressées dans la querelle.... Ce qui est indispensable, ce n'est pas un amiable compositeur, mais un juge ; non pas une décision d'arbitres choisis par chacune des parties pour un différend particulier et conséquemment tenus en quelque sorte en suspicion de partialité plus ou moins accusée, mais un arrêt émanant de l'autorité de l'association entière des nations, décidant le point de droit, abstraction faite de la qualité des parties.... Ce n'est donc pas un tribunal arbitral qui est nécessaire, mais quelque chose d'équivalent à une cour judiciaire internationale. » (*De la réforme du droit des gens*, ouvrage traduit de l'anglais par M. Farjasse.) C'était sans doute de la sorte que l'entendait M. Henri Richard, dans la motion qu'il a faite, le 8 juillet 1873, au Parlement anglais dont il est membre, à l'effet d'obtenir que le gouvernement de la Reine avisât, de concert avec les autres Etats, à l'*établissement d'un système général et permanent d'arbitrage international.* Le digne secrétaire de la Société de la paix de Londres avait fort bien vu que, si l'on attendait les divers cas particuliers de contestations pour organiser un tribunal d'arbitres, il y aurait, dans le fait du choix des juges au milieu des vives préoccupations causées par les événements, non-seulement une perte de temps inquiétante pour les populations intéressées, mais de nombreuses chances de nouvelles difficultés et de ruptures. C'est en soi une pensée très-louable que de poser le principe de l'obligation pour les Etats associés de constituer éventuellement un tribunal arbitral devant vider leurs différends. Mais cela est insuffisant et ne saurait tenir lieu d'une juridiction suprême, établie d'avance et toujours prête à fonctionner. On verra, dans les chapitres suivants, comment je propose d'y procéder.

La motion de M. Richard a été adoptée par la Chambre des communes, et ce bon exemple a été suivi depuis par les assemblées législatives d'Italie, de Suède, de Hollande, de Belgique, de Danemark et des Etats-Unis d'Amérique. Il faut applaudir à ces résolutions, sans se faire toutefois illusion sur leur efficacité et sans compter sur leur application dans les cas toujours imminents de nouveaux conflits internationaux. En fait, depuis que les gouvernements des sept nations susdites ont été mis en demeure par leurs Parlements respectifs, aucun d'eux n'a encore proposé aux autres Etats continentaux, particulièrement aux grands Etats, France, Autriche, Prusse et Russie, de se concerter et d'aviser conformément aux intentions sinon aux termes mêmes de la motion initiale de M. Richard. On pouvait s'attendre à cette inaction des gouvernements; elle n'a rien en effet que de très-naturel. Les Etats dont les Parlements ont jusqu'ici donné leur adhésion à la motion de celui d'Angleterre, sont, à l'exception des Etats-Unis américains, constitués sous la forme monarchique, et l'on ne peut guère espérer que des monarques, même constitutionnels, consentent jamais à se dessaisir du pouvoir d'entretenir des armées en permanence et de les employer, selon leurs intérêts ou leurs fantaisies, moins encore contre leurs ennemis du dehors que contre ceux du dedans. Or, ainsi que je le ferai voir plus loin, avec des armées permanentes, il est inévitable que le fléau de la guerre sévisse de temps à autre. Aussi longtemps que les gouvernements se contenteront, comme ils l'ont fait tant de fois en vain dans le passé, de protester de leur amour de la paix, se réservant d'être juges de la nécessité où ils se croiraient d'avoir recours à la guerre, le but à poursuivre par les vrais amis de la paix ne sera pas atteint. Bien plus, il est à craindre que ces expressions d'intentions pacifiques qui n'engagent finalement à rien, ne servent à dissimuler de mauvais desseins. Que d'exemples confirmant cette appréhension on pourrait citer ! Un seul suffira. Peu d'années avant qu'il prît fantaisie à Napoléon III de déclarer, contrairement au vœu de l'immense majorité de la nation et au mépris du vingt-troisième protocole du traité de Paris de 1856, cette guerre insensée qui a enfanté tant de désastres dans le présent et tant de menaces pour l'avenir, ne l'a-t-on pas vu inviter les divers Etats européens à entrer dans la voie de l'arbitrage, mais de l'arbitrage non obligatoire et laissant toujours une porte ouverte à l'emploi de la force brutale ?

L'idée d'une juridiction internationale s'était produite jusqu'ici dans des temps et des circonstances peu favorables à sa réalisation. J'ai montré, dans le livre *De la Guerre, etc.*, les diverses phases qu'elle avait parcourues soit dans l'antiquité soit dans les temps modernes, avant d'être devenue ce qu'elle est aujourd'hui, l'expression de la pensée des esprits les plus avancés. Les terribles événements accomplis depuis trois quarts de siècle nous ont fait comprendre l'indispensable nécessité de prévenir le fléau de la guerre, la nature des moyens à employer à cet effet et la possibilité du succès. Jamais on n'a senti plus vivement qu'aujourd'hui l'utilité du commerce international, et jamais on n'a mieux compris que les éventualités de la guerre sont absolument incompatibles avec la sûreté et la liberté de ce commerce. La plupart des nations civilisées se sont entendues déjà pour exercer sur les mers une police générale et commune, destinée à empêcher la traite des noirs et à mettre fin à l'institution barbare de l'esclavage. Le succès de ce concert inspiré par une pensée d'humanité, indique ce qui reste à faire pour la police bien autrement importante des territoires : il ne s'agit plus que d'étendre l'application du même principe.

Je suppose donc arrivé le moment, pour les nations européennes, d'entrer dans la grande confédération que nous avons maintenant en vue. Deux choses sont à faire : d'abord créer le code devant constituer désormais le droit international, puis instituer une juridiction jugeant souverainement les contestations qui surviendraient entre les États confédérés, juridiction à laquelle on peut donner indifféremment les divers noms de haute Cour de justice internationale, de Tribunal supérieur international, de Congrès international permanent ; la chose seule importe et non la dénomination.

CHAPITRE II

DE LA CRÉATION D'UN CODE DE DROIT INTERNATIONAL

Ce code n'existe véritablement pas encore ; car ce que de volumineux traités appelaient des divers noms de *Droit de la guerre et de la paix*, *Droit de la nature et des gens*, etc., ne consistait guère qu'à définir les actes d'hostilité plus ou moins barbare que les belligérants pouvaient se permettre ou dont ils avaient à s'abstenir. C'était une vaine tentative de régulariser un art sauvage, qui ne connaît ni raison ni justice et que certains écrivains avaient osé ranger parmi les arts libéraux. Des maximes générales d'humanité y étaient invoquées vaguement, mais demeuraient à l'état de lettre morte, nul gouvernement ne s'étant jamais engagé à les appliquer dans les relations internationales, et les gouvernements de violence et de mauvaise foi moins encore que tout autre.

En recommandant à des Princes qui s'en souciaient fort peu le respect de la morale naturelle, les Gentilis, les Grotius, les Pufendorf, les Burlamaqui, les Vattel (1) ont fait, pour atténuer les maux de la guerre, de louables efforts dont il est juste de leur tenir compte. Mais, tout en leur sachant gré d'avoir préparé la voie à leurs

---

(1) Gentilis, *De Jure belli*, 1589; Grotius, *Mare liberum*, 1608, et *De Jure belli et pacis*, 1625; Pufendorf, *De Jure naturæ et gentium*, 1672; Burlamaqui, *Principes de droit naturel et de droit politique*, 1748; Vattel, *Droit des gens*, 1758. De tous ces publicistes, Vattel est peut-être celui dont le livre contient encore le plus d'erreurs, et en cela il est le moins excusable, parce qu'il écrivait dans un temps où les grands écrivains du dix-huitième siècle

successeurs, il faut reconnaître que des recommandations, quelle que puisse être, dans l'ordre purement spéculatif, leur autorité morale auprès des consciences éclairées et saines, ne sauraient remplacer, dans l'ordre social, un code de lois positives. Ce n'est pas ainsi que doit être compris le droit international; son but n'est pas d'énumérer les divers procédés, tous plus ou moins mauvais, selon lesquels doit s'exercer le prétendu droit de guerre, mais d'arriver à son abolition ; en d'autres termes, il ne consiste point à essayer d'humaniser l'art de violer la justice en le conjurant de s'exercer avec courtoisie, mais bien au contraire à le frapper de toute la réprobation qu'il mérite.

avaient déjà proclamé ces principes de bienveillance universelle qui devaient ouvrir à l'humanité une ère nouvelle. Il ose encore justifier dans la guerre des pratiques révoltant le sens moral. Consulter à cet égard l'ouvrage publié en 1838 par M. Pinheiro-Ferreira, et où sont relevées les trop nombreuses défectuosités du livre de Vattel.

Dans un mémoire lu, le 5 octobre 1872, à l'Institut de France (Académie des sciences morales et politiques), M. Charles Lucas, en demandant une codification du droit des gens, a proposé d'abord de travailler à ce qu'il appelle la *civilisation de la guerre.* C'est bien de cela vraiment qu'il s'agit aujourd'hui ! Civiliser la guerre ? Ces deux mots accouplés hurlent, la guerre étant l'antipode même de la civilisation. C'est comme si l'on proposait d'habituer les tigres à vivre amicalement avec les gazelles, ou nos estomacs à digérer les poisons. Est-ce à tracer des règles à l'art de la destruction que les moralistes doivent continuer d'appliquer leurs méditations et leurs recherches ? Il y a des siècles que l'on fait cette mauvaise besogne, qui n'a empêché aucune des horreurs de cet art infernal. M. Lucas fait, entre l'*esprit militaire* qu'il honore et glorifie et l'*esprit de militarisme* qu'il répudie, une distinction dont la valeur nous échappe, ou plutôt une distinction qui n'est que subtile et vaine, militarisme et esprit militaire étant une seule et même chose et une chose absolument détestable ; il part de là pour dire qu'il n'a jamais goûté les *déclamations contre les armées permanentes*. Nous sommes, ainsi qu'on le verra plus loin, de ceux qui demandent, de concert avec les Sociétés de la paix, la suppression de ces armées, comme un des principaux moyens d'arriver à l'abolition de la guerre. Habitués à nous entendre appeler déclamateurs, nous ne nous offensons nullement de recevoir en telle compagnie cette qualification ; nous n'en sommes même pas étonnés, car nous savons de longue date qu'on ne peut se dévouer à la défense de la vérité sans s'exposer à voir ce dévouement interprété par des amis équivoques en termes qui veulent être un tout petit peu blessants mais qui n'y réussissent pas. Nous regrettons toutefois de rencontrer de tels écarts de jugement et de langage dans un Mémoire rendu public et où se lisent d'ailleurs, nous nous plaisons à lui rendre cette justice, des vœux très-touchants quoique très-stériles en faveur de notre cause commune de la paix universelle.

Les empereurs de Russie et d'Allemagne veulent aussi civiliser la guerre : on l'a vu récemment à la conférence de Bruxelles, où ils ont vainement tenté de faire déclarer crime digne de l'exécution sommaire le fait, si universellement et si justement admiré, du simple citoyen s'armant spontanément pour la défense de sa patrie. Ils avaient essayé déjà, de concert avec quelques autres souverains, de paraître pleins de bonnes intentions, en prohibant certaines armes et certains instruments de guerre, en même temps qu'on les voyait s'ingénier pour trouver chaque jour de nouveaux perfectionnements dans les moyens de destruction, fusils tuant ou mutilant plus expéditivement et de plus loin, canons pouvant atteindre les hommes et les édifices à deux lieues de distance, mitrailleuses couchant sur le sol des bataillons entiers, torpilles engloutissant des équipages avec la rapidité de la foudre, etc. Mêler ainsi l'apparence de quelque tendresse à la réalité de tant de cruauté, jouer la sollicitude pour la conservation de la vie humaine au milieu de tant de preuves du peu de respect qu'on lui porte, c'est là une sorte d'hypocrisie qui soulève encore plus d'indignation que l'inhumanité même se donnant sans gêne pour ce qu'elle est.

Un jurisconsulte français, enlevé récemment à la science du droit, M. Achille Morin, tout en rappelant que, dès le siècle dernier, Montesquieu et Voltaire avaient stigmatisé, sous le nom de *Code de l'homicide* et de *Code du meurtre*, ce qu'on appelait alors les lois de la guerre, a publié un livre intitulé *Les lois relatives à la guerre*, Paris, 1872, où il expose ces lois dans tous leurs détails, anciens et nouveaux. C'est un autre exemple de la voie fausse où s'engagent beaucoup d'amis de la paix, en faisant, dans de bonnes intentions assurément, sa part au mal, au lieu de l'attaquer de vive force et sans merci. Refusant de reconnaître l'existence d'un droit de guerre, l'auteur reconnaît seulement des lois de la guerre, et ne paraît pas voir la contradiction qu'il y a dans le fait même d'exposer les prétendues lois selon lesquelles devrait s'exercer un droit dont on nie l'existence. Enumérant les actes qui seraient permis et ceux qui ne le seraient pas dans la guerre, il s'étend particulièrement sur les derniers : 24 chapitres sont consacrés à la description des moyens criminels, pratiqués lors de la dernière guerre de 1870-71, espionnage et intelligences perfides, ruses pleines de bassesse, diffusion de fausses nouvelles ou d'écrits falsifiés, provocation à la trahison ou à la révolte, prise d'otages, cruelles représailles, dévastations et incendies inutiles au but de la guerre, vols et pillages, massacres d'ennemis désarmés, saccagement de villes prises après résistance, emploi d'armes ou d'engins prohibés, violation des droits des neutres ou mépris de leurs devoirs, réquisition de services avec contrainte, réquisitions pécuniaires avec menaces d'exécution militaire, bombardement de villes ouvertes ou de l'intérieur de villes fortifiées, etc., etc. Quand on obtiendrait que de pareils moyens fussent bannis des collisions internationales futures, resterait toujours la guerre, qui, à elle seule et par ses moindres effets inévitables, est la plus horrible des calamités. Mais j'ajoute qu'on se fait à cet égard une funeste illusion : tant que la guerre subsistera, elle aura toujours pour auxiliaires, un peu plus ou un peu moins ostensiblement, les moyens odieux en question. C'est donc à elle-même et non pas seulement à ce qui lui fait cortége qu'il faut s'attaquer. L'empêcher de naître, voilà le but à atteindre aujourd'hui ; se borner à prétendre apprivoiser le monstre et le *civiliser* selon l'expression anodine en vogue, c'est continuer une vaine dépense de paroles, là où des résolutions et des actes énergiques sont d'une nécessité urgente. (1)

---

(1) N'est-ce pas à ce rôle stérile que, d'après son programme, a dû se borner une assemblée d'hommes fort considérables qui se sont réunis à La Haye du 1er au 6 septembre? Parmi les questions sur lesquelles on devait disserter, se lisaient les deux suivantes :

« Est-il praticable de régler par une convention internationale les *lois et coutumes de la guerre*, et en cas d'affirmative, *dans quelles limites faut-il se renfermer?* »

« *Formalités* et délais qu'il est désirable de voir observer par les nations *avant d'engager les hostilités.* »

Cela n'était pas déjà bien hardi; mais pour que les plus timides ne pussent pas s'effaroucher, on a eu soin d'entremêler les conférences de divertissements dont voici le programme spécial, qui avait été arrêté d'avance.

Première journée : Concert dans le bois de La Haye.

Deuxième journée : Réception par le ministre des affaires étrangères.

Troisième journée : Soirée musicale dans le Jardin d'acclimatation.

M. Charles Calvo a publié un livre d'une vaste érudition, sous le titre *Le droit international théorique et pratique,* Paris, 1872. Au début de l'*Introduction* de son second volume,

---

Quatrième journée : Dîner au grand Hôtel des bains.

Cinquième journée : Excursion à Amsterdam et collation d'adieux.

On voit que les puissances n'auront pas eu à s'inquiéter de discours ainsi tenus *inter pocula et choros* : elles aiment voir les gens s'amuser, la gaîté ne s'alliant pas d'ordinaire avec les projets sinistres.

Quittons la plaisanterie : aussi bien ai-je peut-être à regretter de l'avoir laissée se mêler à une aussi grave matière. Une intention louable comme celle qui animait les promoteurs des conférences de La Haye, n'aurait rien perdu de sa valeur en s'exprimant avec moins de bruit et plus de sérieux. Mais la simplicité et la modestie ne sont plus de mise, et avec elles s'en vont le bon goût et la grande science. Tout cela est remplacé par l'exagération du contentement personnel et par le besoin de se donner en spectacle à un public frivole qui fait souvent payer aux acteurs par ses railleries les ennuis d'une attente trompée.

M. Calvo fait un aveu bon à recueillir d'une bouche aussi autorisée, à savoir que *l'histoire du droit des gens n'est pas autre chose au fond que la justification complète de la guerre*. Je constate avec douleur que cet auteur admet la légitimité *absolue des guerres*, déclare *peu utile* la distinction entre guerres offensives et guerres défensives, et voit dans la guerre en général *un puissant élément de civilisation* et une source *des plus héroïques vertus.* Je ne m'arrêterai plus ici à combattre ces déplorables assertions, dont on trouvera la réfutation dans mon livre *De la Guerre et des Armées permanentes.*

On a reproché à la plupart des ouvrages traitant du droit des gens non-seulement d'avoir été inutiles, mais d'avoir servi en réalité la tyrannie et l'esprit de conquête, et de n'avoir été le plus ordinairement qu'une sorte de casuistique portant un faux masque de science, dissertant sur des questions oiseuses et ne disant mot de celles qui importent le plus. Ces reproches peuvent sembler empreints d'exagération et je ne m'y associe pas sans réserve. Je suis obligé toutefois de reconnaître qu'ils ne sont point sans fondement. Il est incontestable que lesdits ouvrages, en prétendant régulariser l'art détestable de la guerre, ont l'inconvénient de détourner l'attention de ce qu'il a d'essentiellement mauvais, de composer avec lui et de le faire accepter, ainsi adouci en apparence, par le vulgaire des hommes mêmes animés de bons sentiments. Cet inconvénient, les susdits écrits l'ont toujours eu, mais ils l'ont plus que jamais à notre époque, qui a mission non pas de rendre la guerre un peu moins désastreuse que par le passé, mais bien de la reléguer parmi les choses d'autrefois qui ont définitivement fait leur temps.

Je n'ai certes pas la prétention de me charger de rédiger de toutes pièces le Code de droit international, qu'on pourrait justement appeler la grande charte des peuples unis, ayant pour objet de déclarer et de définir leurs devoirs respectifs et les droits qui en découlent (1). Ce que je me propose ici et ce à quoi je ferai en sorte de me borner, c'est d'indiquer les conditions fondamentales de cette rédaction. Il ne faut pas du reste s'exagérer le sens à attacher à cette expression de *Code*, ni s'imaginer qu'il s'agira

(1) Devoirs et droits se supposent réciproquement. Mais c'est à intention que je donne, comme on le voit, au devoir la priorité sur le droit; car, si l'on veut que le droit ait une base solide, il faut, à l'inverse de ce qui se fait trop souvent, poser d'abord le devoir pour en conclure le droit qui n'est que le moyen de l'accomplir, et qui ainsi compris est tout ce que l'on conçoit de plus respectable et de plus inattaquable. On a fait naître le devoir du besoin : c'était construire l'édifice de la morale sur un sable mouvant. Les besoins, comme tout ce qui tient à la sensibilité, ont un caractère passionné et essentiellement mobile; la limite entre ceux qui sont naturels et ceux qui sont artificiels est insaisissable. Il faut à la morale une base plus solide et plus indépendante de la personnalité,

d'une œuvre analogue à celle que comporte ordinairement le long et difficile travail de codification des lois écrites et des coutumes. Dans l'ordre civil, l'énumération des rapports des individus entre eux, la détermination des crimes et délits qui peuvent y porter le trouble, et la fixation des peines et des divers moyens de réparation sont choses extrêmement compliquées. Une foule de circonstances, insignifiantes en apparence, doivent être prévues, les peines être fixées par la loi même, et la seule latitude laissée à des juges dont les décisions sont, dans le plus grand nombre des cas, susceptibles d'appel, être renfermée dans l'espace compris entre le *maximum* et le *minimum* de la peine. Il n'en est plus de même quand il s'agit des rapports internationaux. Les sujets de contestation y sont d'une tout autre nature ; ils n'ont plus la même complexité, précisément à cause de leur caractère plus général. Des juges prononçant souverainement doivent avoir une grande latitude pour qualifier les faits, déterminer leur plus ou moins d'opposition aux larges principes du droit public et ordonner les moyens d'apaisement ou de réparation, qui ne peuvent manifestement pas être fixés d'avance. Je n'ai donc qu'à poser les grands principes qui devront présider à la rédaction du Code international auquel les nations confédérées devront prendre l'engagement de se conformer. Je les indiquerai sommairement, laissant à ceux qui seront chargés de cette rédaction définitive le soin d'y ajouter les développements ou d'y faire les corrections qui seraient jugés nécessaires. On doit comprendre qu'il s'agira surtout pour les États confédérés de renoncer à des institutions, des coutumes et des pratiques auxquelles de jalouses défiances et des intérêts aussi mesquins que mal compris avaient fait tenir jusqu'ici plusieurs d'entre eux. La raison de la nécessité de cette renonciation est évidente : le

Code international ayant particulièrement pour objet de prévenir la plupart des différends pouvant survenir entre les nations, le moyen principal d'atteindre cette fin est de supprimer ce qui, sans justifiable raison d'être, donne ordinairement lieu aux contestations. A quoi servirait en effet d'inviter les hommes à vivre en paix, si en même temps on leur disait qu'ils peuvent conserver tous leurs motifs de haine et de déchirement ? Pour que le monde soit enfin gouverné par la justice et non par l'égoïsme et la cupidité, pour que les bons instincts du cœur humain prédominent sur les mauvais, il faut que, dans leurs rapports mutuels, les États s'appliquent la règle de conduite imposée par la sagesse aux individus et aux familles : de même que l'individu doit faire passer l'intérêt de sa famille avant le sien propre, et les familles l'intérêt de l'Etat avant le leur, de même chaque État politique doit faire passer l'intérêt général de l'humanité avant le sien propre. Lorsque ce principe sera fermement établi dans les esprits et qu'il aura passé de la théorie dans le domaine de la pratique, les obstacles au progrès, si multipliés aujourd'hui, s'effaceront avec une merveilleuse facilité. Ceci posé, entrons dans le vif de notre sujet.

Et tout d'abord disons que la déclaration des devoirs et des droits, tout en consacrant, ainsi qu'on le verra plus loin, l'entière liberté de conscience comme un des articles fondamentaux du pacte d'union, et tout en se tenant en dehors des professions de foi particulières des diverses religions, doit néanmoins s'appuyer sur l'idée religieuse générale et commune à tous les cultes, c'est-à-dire sur l'idée rationnelle d'un Être suprême, parfaitement juste et bon, qui, en nous plaçant sur cette terre, veut que nous nous aimions comme les enfants d'un même père, que nous nous fassions réciproquement le plus de bien possible et que nous nous aidions à amoindrir de plus en plus la somme des maux résultant de notre nature essentiellement imparfaite, cette lutte incessante contre le mal étant la condition même du progrès intellectuel et moral. Cette considération supérieure de l'unité de l'espèce humaine conçue comme étant destinée par le Créateur à constituer une même famille, trouve une confirmation dans le fait révélé par les progrès modernes de la linguistique, à savoir que les diverses races hellénique, latine, germaine, slave et celtique, répandues sur la face de l'Europe depuis des siècles dont l'histoire ignore le nombre, races déjà heureusement mélangées sur plusieurs points, sont toutes issues d'une même souche primitive aryenne, descendue successivement des hauts plateaux de l'Asie. Elles ont donc toutes une origine commune, et quelles que puissent être les diversités qui les distinguent et que le temps et une infinité d'autres influences ont produites, elles doivent voir, dans ce fait de parenté, une raison plus particulière encore que pour les autres races, de se traiter fraternellement au lieu de se jalouser bassement et de s'entre-détruire. L'être immatériel, qui constitue la partie la plus excellente de notre personne humaine ou plutôt qui constitue à lui seul notre personnalité, doit donc puiser ses principaux mobiles d'action dans l'idéal de la suprême sainteté, non pas en demandant des faveurs et des privilèges ni en attendant que Dieu intervienne dans la conduite de notre vie par des actes particuliers qui dérogeraient aux lois générales et aux dispositions de son infinie sagesse, mais afin de ne point oublier qu'il nous a doués d'intelligence pour concevoir le bien et de liberté pour le réaliser, et afin de ne perdre jamais de vue cette perspective fortifiante d'une existence d'outre-tombe où puisse s'effectuer le plein accomplissement de toute justice, que ne comporte pas l'ordre de choses actuel. Je déclare hautement et en protestant contre ce qui se dit et s'écrit en ces jours de déplorables aberrations, que je ne comprends pas une morale qui prétendrait s'isoler du sentiment religieux, dût-elle faire appel à l'intérêt général ou même au caractère philosophiquement obligatoire de l'idée du bien ; je tiens cette morale pour dépourvue de sanction suffisante et pour impuissante, dans ses luttes avec les passions et les intérêts égoïstes, à réaliser la grande institution que nous réclamons et à en garantir le maintien. Je n'ai pas à établir cette thèse, l'ayant fait ailleurs surabondamment (1). Je la pose ici comme désormais établie aux yeux des amis de la paix. Ce sera donc au type souverain de toute vérité et de toute justice que le Code international devra emprunter sa force et ses meilleures chances de

(1) *Rénovation religieuse.* Paris, 1870.

durée. En se plaçant à ce point de vue élevé, le lecteur n'hésitera pas à admettre la nécessité des déclarations qui suivent.

De même que tous les membres d'une société politiques, quelles que soient leurs diversité individuelles, naissent égaux en droits et doivent, lorsqu'ils ont atteint l'âge auquel la loi les déclare majeurs, jouir de la liberté que comporte la responsabilité morale de leurs actes et qui est nécessaire à la sûreté de leurs personnes et de leurs propriétés, de même les sociétés politiques, grandes ou petites, riches ou pauvres, puissantes ou faibles, sont naturellement égales en droits. Elles sont toutes tenues par conséquent de respecter leur indépendance réciproque. Celle d'entre elles qui porterait atteinte à la liberté, à la sûreté et à la propriété d'une autre, commettrait un crime de même nature mais bien autrement grave, dans ses proportions, que celui qui résulte des atteintes portées à la liberté, la sûreté personnelle et la propriété entre citoyens d'un même Etat. Lorsqu'un homme opprime une femme, un enfant, son action inspire un sentiment universel de réprobation et peut même réveiller l'idée d'une odieuse lâcheté ; il en est de même, l'étendue de la culpabilité étant centuplée, lorsque ce sont les nations puissantes qui oppriment les faibles. Donc tout acte de violence, comme il s'en est tant commis dans le passé et comme nous les avons vus renouvelés de nos jours, qui disposerait d'une nation ou d'une de ses parties de la façon dont on dispose d'une chose, et qui prétendrait la faire passer, sans son consentement exprimé avec une entière liberté, d'un régime politique à un autre régime, serait criminel au premier chef.

Nous avons ici à exprimer nettement notre pensée sur la question des nationalités, cause ou plutôt prétexte de tant d'agitation et de trouble dans les rapports internationaux. Pris dans le sens du droit qu'ont toutes les nations de s'appartenir et de se gouverner comme elles l'entendent et en respectant les unes à l'égard des autres la pleine liberté de l'exercice de ce droit, le principe de nationalité est évidemment ce qu'il y a de plus légitime. Mais il s'en faut bien qu'il soit toujours entendu d'une façon aussi rationnelle. Un des funestes résultats des dernières guerres et particulièrement de la guerre franco-allemande a été la mise en circulation de faux jugements et d'équivoques, qui n'ont pas seulement l'inconvénient d'enfanter un intarissable dévergondage de paroles et d'écrits, mais qui menace le monde des plus redoutables déchirements. Le libre choix des populations est la seule condition absolument nécessaire pour constituer la vraie nationalité. Toutes les autres conditions d'unité de race, de langue, de religion, de climat, etc., sont plus ou moins désirables, mais aucune n'est indispensable. Par le fait cette unité n'existe sur aucune partie du globe, et la tentative de la réaliser mènerait à une subversion universelle. Rendons la chose évidente par quelques exemples. Si la communauté d'origine, de langue, de religion, et non le libre choix des populations, était la règle souveraine de la constitution des nationalités, la Suède, la Norwége, le Danemark, l'Autriche, la Hollande et la Belgique flamande devraient, en vertu de la parenté gothique originelle, être absorbés par l'Allemagne du Nord, qui ne fait du reste à cela aucune objection, ou celle-ci par l'Allemagne du Sud dont l'antique ambition est en ce moment trop modérée pour causer à sa sœur puînée quelque alarme ; les cantons suisses devraient être partagés entre l'Allemagne, la France et l'Italie, la Corse être rendue à l'Italie et le Portugal à l'Espagne. Les populations chrétiennes obéissant au successeur de Mahomet devraient, à titre d'unité de religion, être attribuées au roi des Hellènes dégénérés, si le grand Empereuret Pape Russe ne s'en accommodait mieux. Pourquoi même, à cause de la parenté celtique, la Grande-Bretagne ne serait-elle pas revendiquée par la France gauloise ou celle-ci par la Grande-Bretagne druidique? Pourquoi aussi, dans cette liquidation sociale, l'Angleterre, si justement fière de sa puissante indépendance, ne serait-elle pas adjugée partie à l'Allemagne, à cause de l'élément saxon qui y exerce une influence si considérable, et partie à la France à cause de l'élément français, qui, depuis l'invasion normande du onzième siècle, occupe une si large place dans la langue de nos voisins d'outre-Manche? Pourquoi enfin, par la vertu des invasions franques du cinquième siècle, dont le souvenir est demeuré empreint dans le nom même de *France*, ne ferait-on pas de notre belle patrie une simple annexe allemande? On sait que l'esprit des classes dirigeantes en Prusse n'aurait point de répugnance à faire cette nouvelle et plus complète application de la doctrine politique et esthétique de leur sublime philosophe Hegel (1). Enfin on ne voit

---

(1) Depuis un demi-siècle, la philosophie hégélienne a fort altéré la vieille et honnête bonhomie de certaines populations allemandes, bonhomie que les Français avaient eu peut-être la simplicité de louer avec excès avant l'expérience qui vient de leur en donner l'exacte mesure. Des classes lettrées cette philosophie est descendue jusque dans les classes inférieures. Il y a déjà des années que les Feuerbach, les Büchner et les Moleschott en avaient tiré les dernières conséquences, c'est-à-dire le fatalisme et partant la préconisation de la force substituée au principe du droit, tenu désormais pour suranné. Mais personne ne les avait encore déduites avec plus de crudité que ne vient de le faire M. Frédéric de Hellwald, dans un livre publié, cette année même, à Augsbourg. Voici quelques spécimens des enseignements de cet auteur, tels du moins qu'ils nous sont présentés dans un compte rendu que vient d'en donner le journal *Le Temps*, numéro du 22 juin 1875 :

Il n'y a pas d'autre origine de la vie sur le globe que l'autogénie ou génération spontanée.

L'homme s'est différencié du singe, son ancêtre, par

pas de raison pourquoi ce cataclysme des nations s'arrête à l'ancien continent ; il devrait franchir l'Atlantique. Les Etats-Unis d'Amérique

---

le développement du cerveau et le langage articulé.

Matière et esprit ne sont qu'un fait unique, diversement connu.

L'erreur nécessaire est l'idéal. La religion, en d'autres termes l'idéal ou l'erreur, est un élément constitutif de l'esprit humain.

L'histoire n'est pas autre chose qu'un enchaînement de nécessités.

Les droits de l'homme sont un mot vide. Les principes établis à cet égard par la Révolution française et les philosophes humanitaires, sottise.

La culture humaine veut un riche engrais, et il n'en est pas de plus fécond que le sang. Dans le combat sans trève ni merci pour l'existence, c'est toujours au plus fort que sera la victoire. Passer sur le corps des vaincus, telle est la loi de nature.

Il n'y a pas d'utopie plus vaine que celle de la paix perpétuelle. La paix serait l'énervement et la mort.

La conception théologique du monde et la théorie du progrès, pur néant.

Enfin, arrivant à l'époque où, tous les organismes

devraient être repris par l'Angleterre, le Canada être reconquis par la France, et les divers Etats de l'Amérique méridionale être réclamés par l'Espagne. Le simple exposé de pareilles conséquences suffit pour montrer la fausseté du principe dont elles découlent, et si j'y ai arrêté l'attention du lecteur, c'est parce que, tout étranges qu'elles peuvent paraître, elles menacent de se traduire d'un instant à l'autre en bouleversements

---

étant retournés à la matière inorganique, la lutte pour l'existence sera terminée sur la terre, l'auteur nous offre pour seule conclusion du problème de la destinée humaine l'éternel repos de la mort. Si cette perspective du néant final de la vie vous semble un prix dérisoire des sacrifices auxquels vous vous serez condamné pour rester fidèle à la loi du devoir, vous aurez la ressource de maudire l'être quelconque, méchant par essence, Dieu, démon ou nature, qui vous a fait un si funeste don, et M. de Hellwald, pour qui tout arrive fatalement à son heure, ne s'opposera pas, je pense, à ce que vous vous en débarrassiez aussitôt que vous le jugerez insupportable.

universels. Toutes les populations répandues sur la terre sont des mélanges de races diverses qui se sont croisées et fusionnées à diverses époques et sous l'empire d'influences diverses, et les plus avancées en civilisation sont précisément celles qui ont été le produit de cette assimilation d'éléments plus divers. Si certains peuples sont actuellement supérieurs à d'autres en science et en moralité, cela ne tient nullement pour les uns comme pour les autres à une différence primitive d'aptitudes mais bien à une infinité de circonstances extérieures et accidentelles qui ont favorisé ou empêché le développement de leurs facultés physiques, intellectuelles et morales. La nature de l'être humain est une dans son essence et susceptible de manifestations identiques dans des situations semblables, et le progrès de la civilisation consiste sinon à réaliser complétement cette similitude de situations et de caractères, au moins à en atténuer toujours davantage les écarts. Nos meilleurs instincts, nos dispositions sympathiques comme nos réflexions les plus sérieuses, tout nous crie que nous avons même origine, même destination finale, mêmes droits au plein développement de nos facultés, les plus forts, les plus instruits, les plus avancés ne jouissant de ces avantages que pour attirer à eux les plus faibles, les plus ignorants, les plus retardés. Mais ce qui est vrai des individus l'est bien davantage encore des nations, et le peu de soin qu'elles ont pris jusqu'ici d'appliquer cette règle dans leurs relations respectives peut faire juger de tous les progrès qui restent encore à faire à la moralité humaine. Envisagées à un point de vue aussi étroit que celui de tant d'écrivains de nos jours, les distinctions entre les races et les nationalités ont pour effet d'entretenir ces rivalités qui ont si longtemps divisé les hommes, au lieu de les amener à se rapprocher et à s'entr'aider. Ces distinctions sont-elles d'ailleurs aussi tranchées et aussi antipathiques qu'on les dit ? Outre les exemples, souvent cités, de la vieille Angleterre, des cantons suisses, des Etats-Unis d'Amérique et de tant d'autres Etats, formés d'éléments si divers et plus ou moins soudés entre eux soit par le temps soit par des intérêts de toutes sortes, la puissante unité de la nation française ne résulte-t-elle pas de la fusion des trois races celtique, latine et germaine? Mais, remontons plus haut, et quoique nous en ayons déjà fait l'observation, ne craignons pas de redire cette grande chose, à savoir que les sciences toutes nouvelles de l'ethnographie et de la linguistique associées nous montrent, avec une clarté aussi frappante qu'inattendue, que les diverses populations européennes dérivent d'une même souche asiatique. Remontons plus haut encore. Une étude attentive des caractères fondamentaux de la nature humaine ne proclame-t-elle pas que, dans la supposition même où plusieurs couples primitifs au lieu d'un seul auraient été créés, soit dans le même temps soit dans des temps différents, à la surface de notre planète, l'unité essentielle de l'espèce se découvre au fond de toutes les diversités causées par les révolutions, les institutions, les climats, les genres de vie, et qu'ainsi tous les individus qui la composent doivent se considérer comme étant membres d'une même famille et se prêter une mutuelle assistance? Rien n'est donc moins justifiable ni plus immoral que cet orgueil de races se croyant le droit d'opprimer celles qu'il leur plaît de déclarer inférieures et qui peuvent l'être accidentellement mais non nécessairement, sot orgueil, inspiré et fomenté par l'absolutisme gouvernemental et exploité à son profit. Des exemples récents sont d'une évidence flagrante, et les populations qui, sous prétexte d'intérêts fort mal compris de nationalité, se sont prêtées si docilement à être les instruments des ambitions princières, ne tarderont pas à s'apercevoir si déjà elles ne s'aperçoivent qu'en réalité elles se sont forgé des fers. Ces criminelles atteintes à l'indépendance des nations, que nous avons vu commettre jusque de nos jours, ont été fréquentes dans le passé. Et pourtant combien, dans ce passé même, de grands et nobles exemples du contraire et dont le présent, qui aime à proclamer sa supériorité, devrait s'inspirer (1) !

---

(1) J'en citerai un seul parmi les plus mémorables :

Pour sortir de prison, François Ier avait promis avec serment de céder la Bourgogne à Charles-Quint. Mais les Bourguignons dont il avait oublié de prendre le consentement, lui envoyèrent à Cognac une députation chargée de lui tenir ce fier langage : « Votre serment, sire, est nul, parce qu'il est contraire à celui que vous avez prêté à votre couronnement ; il est contraire aux libertés de votre peuple et aux lois fondamentales de la monarchie, et par conséquent de nul effet. Si vous persistez à rejeter des sujets fidèles, si les États du royaume nous retranchent de leur association, alors c'est à nous-mêmes de disposer de nous ; rendez-nous à notre an-

Le principe, que nous venons de poser, de l'entière indépendance des nations, comme garantie du pacte d'union, doit donc constituer la base même du Code international. Il peut être ainsi résumé et formulé : complète réciprocité de devoirs et de droits des nations associées dans leurs rapports mutuels. Toutes les dispositions du nouveau Code devront en découler de près ou de loin, et en première ligne la suivante, objet capital de l'association.

Les nations voulant vivre désormais entre elles dans des relations de bonne amitié, n'entretiendront plus ces armées permanentes qui sont une menace incessante des forts et des querelleurs contre les faibles et les pacifiques (1). Il va

---

cienne liberté, et nous adopterons telle forme de gouvernement qui nous plaira. Nous déclarons d'avance que nous n'obéirons jamais à des maîtres qui ne seront pas de notre choix. » La Bourgogne resta française.

(1) En licenciant les armées, il y aurait justice à don-

de soi, et je le dis de suite pour débarrasser la question de toute objection qui porterait sur un

---

ner des retraites aux officiers âgés et à indemniser les plus jeunes. Quant aux sous-officiers et aux simples soldats, ils se trouveront trop heureux de retourner à leurs travaux antérieurs, si malencontreusement interrompus, travaux agricoles, industriels et mécaniques. J'ajouterai qu'en vue des éventualités dont j'aurai à parler au chapitre suivant, un certain nombre d'officiers, particulièrement de ceux qui appartiennent aux armes dites savantes du génie et de l'artillerie, pourraient être maintenus transitoirement en activité; ces officiers, constituant un cadre de réserve, relativement peu coûteux et analogue à celui du système des Cantons suisses ou des États-Unis d'Amérique, seraient chargés de former aux opérations de défense des milices demeurant au foyer de la famille, animées d'un esprit civil, et se réunissant, à certains jours, aux chefs-lieux des Cantons, pour y être exercées aux manœuvres utiles de la stratégie. Ces milices, comprenant les hommes valides de vingt à quarante ans, seraient le plus puissant rempart contre d'éventuelles attaques, toujours plus improbables. Il suffirait que les jeunes gens de vingt à vingt-cinq ans par exemple fussent seuls astreints aux exercices périodiques.

malentendu, il va de soi, dis-je, qu'il ne s'agit point de supprimer la force armée nécessaire pour maintenir l'ordre intérieur des Etats et assurer l'exécution des sentences des Tribunaux. Un armement renfermé dans de très-minimes proportions et analogue au corps actuel de la gendarmerie, pourvoirait à ce besoin de première nécessité; il suffirait pour cela, dans des pays comme l'Angleterre ou la France, de 10,000 à 20,000 gendarmes, animés d'un esprit civil, occupés uniquement à poursuivre les malfaiteurs et à faire exécuter, sur l'ordre du magistrat, en cas de résistance matérielle, les sentences de la justice. Il est entendu aussi que réserve est également faite, surtout pour les communes populeuses, d'une garde, quelle qu'en soit la dénomination, d'ailleurs peu nombreuse et peu coûteuse, entretenue aux frais et demeurant uniquement aux ordres de l'autorité municipale, et destinée à faire exécuter les mesures de police purement municipale. Ces services étant assurés, plus d'armées permanentes (1). Si l'on a suivi toute la série des considérations développées dans notre livre *De la Guerre* sur les désordres matériels et moraux et sur les causes de guerres qu'engendre le fait même de l'existence des armées permanentes, on arrive forcément à cette conséquence, suppression de ces armées. La maxime *Si tu veux la paix prépare la guerre* (2), empruntée à un peuple con-

(1) Ce que j'aurai à dire plus loin, pour le cas de moins en moins probable mais toujours absolument possible et qu'il faut prévoir par conséquent pour ne point se préparer de déception, ne mettra pas en oubli le principe que je pose ici. Je veux parler du cas où quelqu'un des États confédérés, contrairement à l'engagement qu'il aurait pris en entrant dans la confédération, refuserait de se soumettre à un jugement du haut Tribunal dont il sera parlé au chapitre suivant et prendrait une attitude agressive.

(2) « Si vis pacem para bellum. »

quérant, qui, après avoir asservi l'ancien monde, se voyait obligé d'entretenir constamment ces armées devant finir par l'asservir lui-même, maxime familière parmi nous à ceux qui sont intéressés à la guerre, est une des plus fausses et des plus fécondes en calamités aux yeux de quiconque l'examine au point de vue de la morale philosophique et de la saine économie. Faire des préparatifs pour la guerre, c'est, dans la plupart des cas, un moyen infaillible de l'avoir. Sous le faux semblant de la prévenir on la fait naître. Des hommes qui n'ont d'autre emploi de leur activité que de se battre pour une cause quelconque et selon qu'il plaît à celui qui les paie pour cela, demandent à se battre en effet, et ceux de leurs chefs surtout qui vivent splendidement des maux engendrés par la guerre, y poussent par toutes sortes de moyens et finissent par l'obtenir. Il ne faut pas oublier ce mot cynique de Frédéric II, expliquant pourquoi, dès son avénement à la couronne, il avait envahi la Silésie : « J'avais une belle armée. » Son père, Frédéric Guillaume Ier, après avoir organisé ses Etats en véritable camp, lui avait en effet légué avec des trésors de magnifiques régiments qui ne demandaient qu'à batailler. Ce mot d'un monarque, homme d'esprit sans moralité, a été répété naguère par une Majesté d'aventure, avec cette différence que celle-ci aimait à se persuader que, sous sa direction suprême et conduite par les généraux qui lui avaient fait croire qu'ils étaient prêts, sa belle armée devait nécessairement être invincible. Qui pourra dire quelle perturbation a jetée dans les esprits cette exécrable guerre franco-allemande? Plus que jamais on entend parler de la prétendue nécessité de faire de puissants armements. Et ce ne sont pas seulement les militaires de profession qui tiennent ce langage, ce sont encore un grand nombre de gens qui, il y a quelques années à peine, adoptaient entièrement nos idées sur le désarmement, et qui aujourd'hui affolés et se disant désillusionnés, renient tous les principes et ne sont plus occupés que de la recherche des plus vastes et des plus ruineux préparatifs de guerre.

Qui est-ce qui ne connaît ce faux-fuyant vulgaire, par lequel on cherche à éluder la nécessité du désarmement? « Sans supprimer entièrement les armées permanentes, on peut se borner à en réduire les proportions. » Tout le monde comprend qu'il y a perte pure pour tous dans un accroissement proportionnel des forces militaires des nations. Comment se fait-il que si peu d'esprits tirent la conséquence dernière à laquelle conduit forcément cette autre vérité non moins frappante? Deux nations voisines demeurent dans le même rapport de puissance en réduisant à la moitié ou au tiers ou au quart leurs préparatifs de guerre. Se contenter alors de demander une réduction proportionnelle des armements, c'est rester en chemin quand il faudrait marcher encore; car il est évident que le principe de persistance du même rapport de puissance est applicable à toute autre proportionnalité de forces militaires, proportionnalité qui demande ainsi à aller toujours s'amoindrissant et qui ne laisse en repos un esprit conséquent que lorsqu'elle arrive au chiffre rigoureusement nécessaire pour maintenir la sécurité intérieure des citoyens et faire exécuter les sentences des magistrats. Il est certain d'ailleurs que, tant que l'on conserve des armées en permanence, quelque réduites qu'elles soient, aux moindres causes de contestation, de défiance, de mécontentement, qui surgiront, ceux des gouvernants qui aiment à passer des revues trouveront, dix fois par siècle plutôt qu'une, des prétextes pour doubler et tripler leurs effectifs. Quand donc on voit tout le mal que causent les armées permanentes, ce n'est pas leur réduction mais leur suppression qu'il faut demander. Nous ne pensons certes pas à contester que, si l'Europe se bornait à entretenir un million d'hommes armés au lieu de cinq millions, cela ne constituât un amoindrissement très-appréciable du mal actuel ; mais ce n'est pas de quoi il s'agit ici. Avec ce système, qui a été constamment pratiqué depuis l'établissement des armées permanentes, on ne sort jamais du bourbier sanglant, on ne fait que s'en dégager un peu par moments pour s'y enfoncer ensuite plus profondément. Il ne mérite donc pas d'être patronné par les vrais philanthropes et les économistes sérieux.

Un mot d'une objection banale de nos contradicteurs, qui trouvera plus ample réponse au chapitre suivant : « Oseriez-vous proposer de désarmer à une nation, objet des convoitises d'une autre nation voisine, qui persisterait à vouloir demeurer puissamment armée ? » Je dirai d'abord que l'on feint de ne pas comprendre notre thèse ; elle ne consiste point à prêcher une théorie aventureuse, mais bien à traiter très-sérieusement des moyens d'obtenir des divers États dont se compose la grande famille européenne, un désarmement simultané, en même temps qu'une abjuration sincère et définitive des convoitises et des haines internationales et les meilleures garanties contre les retours éventuels de nouveaux déchirements. Jusqu'à ce qu'on en vienne là, nous le savons trop bien, on continuera de se débattre en désespérés au milieu d'un déluge de crimes et de misères. Abordant ensuite l'objection directement, je n'hésite pas à reconnaître que, dans l'état actuel de folle exaspération où les choses ont été amenées par les derniers événements militaires, le conseil en question aurait peu de chances d'être écouté : nous n'en sommes pas moins persuadé que ce serait encore la mesure la plus sage à prendre. Supposez en effet que, confiants dans le sentiment de notre force réelle et respectant désormais les droits de tous, nous nous placions de notre propre mouvement dans une situation à ne pouvoir menacer personne, qui pourrait alors penser à venir nous attaquer? Et si une pareille pensée naissait quelque part, ne serait-elle pas aussitôt étouffée par la perspective de la réprobation universelle que devrait soulever sa réalisation? Si l'on eût suivi, il y a une dizaine d'années, nos pressants conseils de désarmement, n'est-il pas manifeste que l'on n'aurait pas pu entreprendre, en 1870, cette guerre inepte qui devait déchaîner sur nous tous les fléaux, et n'est-il pas également évident que l'Allemagne du Nord, quelque surexcitée qu'on voulût la supposer par ses récents succès contre l'Allemagne du Sud, quelque avide de nouveaux agrandissements et quelque habile qu'elle fût à faire naître des sujets de mésintelligence, eût été dans l'absolue impuissance de trouver je ne dis pas des raisons mais les moindres apparences de prétextes pour venir nous chercher querelle et troubler, à la face du monde indigné et alarmé, une attitude aussi franchement pacifique (1) ? Comparez alors la situation pleine de

---

(1) Remarquons en passant combien sont peu éclairés par un sentiment élevé de moralité les jugements que l'on porte généralement sur cette guerre de 1870-71. Quel reproche entend-on adresser à son auteur par la presque universalité de ceux qui s'en entretiennent? Ce n'est pas de l'avoir déclarée contre toute raison et toute justice; c'est de s'y être fourvoyé imprudemment sans avoir été *suffisamment préparé*, comme si mieux préparé il eût dû, ce qui est plus que douteux, réussir nécessairement, auquel cas on lui eût apparemment pardonné, on l'eût même loué d'avoir été commettre en Prusse le mal que les Prussiens ont commis en France. Disons avant tout et proclamons bien haut que cette déclaration de guerre, dont la nouvelle a frappé de stupeur et d'indignation tous les gens honnêtes et sensés, était une résolution souverainement inique autant et plus encore qu'une insigne maladresse. En repoussant une injuste attaque,

calme et de prospérité, où se trouverait aujourd'hui l'Europe, à celle qui lui a été faite et où chaque nation, la plus petite comme la plus grande, se croit obligée de s'apauvrir pour se préparer à la guerre, interrogeant tous les points de l'horizon politique et se demandant, avec une

---

la Prusse était donc d'abord dans la plénitude de son droit. Elle s'était sans doute préparée à la guerre; j'accorderai même qu'elle y provoquait indirectement par la candidature Hohenzollern au trône d'Espagne, un antagoniste insensé qu'elle espérait bien voir tomber dans ce piége. Mais, à partir du jour où la France, redevenant République, a fait entendre clairement que n'ayant pas voulu la guerre, elle était prête à déposer les armes en payant une légitime indemnité, pourvu qu'on ne lui imposât pas des conditions de paix trop humiliantes et trop ruineuses, à partir de ce jour-là, dis-je, la Prusse a assumé tout entière la responsabilité des immenses calamités qui ont suivi, en continuant les hostilités après qu'elle avait solennellement affirmé qu'elle n'en voulait pas à la France mais seulement à un homme dont elle n'avait plus rien à redoûter puisqu'elle le tenait en son pouvoir.

anxiété fiévreuse, d'où partira le signal des nouveaux massacres et des dernières ruines financières. Mais voici le gros argument de nos contradicteurs : « Vous renoncez donc à rapatrier l'Alsace et la Lorraine ? » A aucun prix nous n'eussions consenti à l'acte déplorable qui les a livrées sans léur consentement, comme on livrait en d'autres temps les populations, en les assimilant à de vils troupeaux, privés de conscience et de responsabilité morale, et moins que personne nous ne renonçons à une légitime revendication ; mais il est pour nous de la dernière évidence que vouloir cette revendication par la force des armes, ce serait affronter de nouveaux malheurs et peut-être courir à notre ruine finale. C'est donc par une autre voie, c'est-à-dire seulement par la voie d'arrangements complétement libres qu'il faudra y arriver. Le jour ne peut beaucoup tarder où l'Allemagne comprendra qu'il y va de son intérêt autant que de celui de la France, et la solution sera tellement simple qu'elle se présentera à tous les esprits : on demandera à l'Alsace et à la Lorraine de dire elles-mêmes si elles veulent rester allemandes ou redevenir françaises.

Une conséquence naturelle de la suppression des armées permanentes est que les marines dites militaires soient ramenées aux proportions transitoirement nécessaires pour former les contingents des Etats confédérés dans les croisières devant empêcher la traite et la piraterie. Alors leur mission réelle et non pas leur prétexte sera de protéger le commerce maritime et les colonies, si tant est que les nations européennes doivent continuer d'avoir des colonies soumises au régime oppressif généralement pratiqué jusqu'à présent. J'emploie cette formule dubitative *si tant est*, parce qu'il est avéré que les frais imposés à la mère-patrie pour la prétendue protection d'une colonie, dépassent presque toujours de beaucoup les avantages qu'elle en retire. Il serait facile de le démontrer en parcourant l'histoire des principales colonies. Il me suffira ici d'invoquer l'exemple éclatant de notre colonie d'Algérie, où depuis quarante-cinq ans nous avons perdu plusieurs centaines de mille hommes et dépensé des milliards, et ce n'est pas fini. Comme toutes les colonies fondées par la violence, c'est une terre maudite que nous arrosons de notre sang et où nous semons infructueusement un or qui, bien employé, changerait la face de la France. Qui ne sait que l'Angleterre a mille fois plus gagné aux relations de libre commerce qu'elle a entretenues avec les Etats-Unis d'Amérique depuis leur affranchissement, qu'elle ne l'eût fait par le maintien de sa domination? Quand donc le grand enseignement qui ressort de ce fait amènera-t-il cette nation si habile calculatrice à changer sa politique indéfiniment envahissante à l'égard de ses immenses possessions asiatiques?

Les marines nationales serviront surtout mais en déposant la plus grande partie de leur appareil de guerrre, à des voyages lointains, dirigés vers un but scientifique et civilisateur; elles iront, sur les divers points du globe, offrir mais non imposer aux peuples qui sont encore enveloppés de ténèbres, les lumières et les arts de la paix. C'était ainsi que Louis XVI comprenait ces expéditions lorsqu'il rédigeait lui-même les instructions données à la Pérouse, en 1785, pour son voyage de circumnavigation. Il y était recommandé très-expressément d'user, en toutes les occasions, de beaucoup de douceur et d'humanité envers les différents peuples qu'on visiterait. On devait s'occuper avec zèle de tous les moyens d'améliorer leur condition en leur offrant les avantages de la civilisation européenne. Si des circonstances imprévues obligeaient le commandant de l'expédition à recourir à la force, il ne devait en user qu'à toute extrémité, seulement pour sa défense et avec la plus grande modération, et punir avec rigueur ceux de ses gens qui auraient outrepassé ses ordres. Aux yeux du roi, le plus heureux résultat de l'expédition serait qu'elle pût être exécutée sans qu'il en coûtât la vie à un seul homme. Ainsi exprimés de tels sentiments honorent la mémoire de l'infortuné monarque. Notre témoignage à cet égard ne saurait être suspect ; car nous avons constaté ailleurs avec la même impartialité le crime commis par Louis XVI, lorsque, violant ses serments de roi constitutionnel, il avait secrètement excité l'étranger à envahir la France. L'Assemblée nationale, en envoyant à la recherche de la Pérouse, en 1791, entendait les expéditions maritimes comme l'avait fait Louis XVI, et déclarait également que ce n'était plus pour envahir et ravager, que la civilisation devait chercher à pénétrer dans les contrées les plus reculées, mais pour y porter ses bienfaits. Ces sages déclarations, qui auront bientôt un siècle de date, ont été depuis méconnues aussi souvent hélas! qu'elles l'avaient été auparavant. C'était une raison de plus pour que nous dussions indiquer les seules conditions qui pourront désormais en assurer la mise en pratique.

Disons en passant que si l'Angleterre, qui tient à honneur d'être une des nations les plus amies de la paix, se flattait de l'idée que la conservation de sa formidable marine militaire actuelle fût considérée comme compatible avec la suppression des armées permanentes de terre, elle se ferait la plus complète des illusions. Il n'est pas une nation du continent qui consentît à désarmer devant une telle prétention, que l'on regarderait avec raison comme mettant en péril la liberté des mers; dès lors le peuple anglais aurait à se reprocher d'avoir mis obstacle à la réalisation de cette grande réforme qui n'a trouvé nulle part de plus éloquents défenseurs que parmi ses écrivains et ses hommes d'Etat.

Une autre conséquence du désarmement général est la démolition des citadelles et fortifications, qui, indépendamment des entraves de toutes sortes qu'elles imposent aux relations soit nationales soit internationales, occupent d'immenses terrains et un immense matériel à rendre à la culture, à l'industrie et à la richesse publique.

En entrant librement dans la confédération générale et en respectant le droit de n'y pas entrer, les divers Etats, puissants ou faibles, conservent leur pleine indépendance pour tout ce qui concerne leur régime intérieur. Je n'hésiterais pas toutefois à formuler expressément en un article du Code de droit international, que ces Etats renoncent absolument à légitimer l'esclavage. Il est trop évident qu'on ne saurait penser à s'allier à des nations qui maintiendraient chez elles ou qui favoriseraient ailleurs cette institution ou plutôt cette plaie des temps de barbarie. Peut-être aussi y aurait-il lieu à un article par lequel la confédération renoncerait à décerner la peine de mort. Je me borne à poser ici cette grave question comme si elle était encore à étudier. Mais mon opinion personnelle, depuis longtemps arrêtée, est que le but principal de la législation pénale doit être de travailler à l'amélioration morale des criminels, outre que la société ne doit jamais se placer dans l'impossibilité de réparer une erreur de condamnation qui viendrait à être reconnue ainsi qu'il est arrivé maintes fois. Des nations qui ne comprendraient pas ces grandes vérités ne sembleraient guère mûres pour le concert international dont nous traitons.

Les Etats associés se garantissent réciproquement la liberté de circuler dans leurs territoires respectifs, d'y séjourner, d'y exercer commerce, industrie et profession. Ils suppriment toutes entraves opposées à cette liberté, telles que passeports ou autres mesures de police préventive. Il est bien entendu que cette liberté de circulation et de séjour suppose comme condition essentielle que les étrangers se soumettront aux lois et aux charges imposées aux nationaux. Tous les Etats confédérés auront d'ailleurs la faculté de réclamer l'extradition de leurs nationaux accusés de crimes et de délits.

Il y aura, entre tous ces Etats, unité de poids, de mesures, de monnaies, de service postal et télégraphique et de conventions destinées à protéger la propriété littéraire, scientifique et artistique. Il y aura surtout complète liberté des échanges internationaux. Par conséquent suppression de toutes barrières de douanes et de tous impôts soit d'importation soit d'exportation. J'insisterai sur ce point qui est capital, et pour cela je reproduirai les considérations que j'ai exposées en 1870, dans mon livre *De l'organisation du gouvernement républicain*, ne croyant pas pouvoir aujourd'hui en présenter de plus probantes :

« Il n'y a rien de plus menteur que le système qui ose encore s'appeler *protecteur*, et qui est né dans l'enfance de l'art d'organiser les sociétés humaines. Le maintien de ce système serait un contre-sens à une époque où les diverses nations, jusqu'ici opposées les unes aux autres, tendent d'une manière si prononcée à se rapprocher et à s'entr'aider au lieu de se combattre. S'il y a, en matière d'industrie et de commerce, une idée simple et claire, c'est celle-ci : les provenances de la terre et du travail de l'homme demandent à être exportées des lieux où elles sont produites en meilleure qualité, en plus grande abondance et aux moindres frais, et elles tendent naturellement à aller jusqu'où elles peuvent supporter le prix du transport en conservant sinon la totalité au moins la plus grande partie de leurs avantages primitifs. Les provenances analogues, produites ailleurs en qualité inférieure, en moindre abondance et à plus grands frais, demandent à être consommées sur place ou à n'aller que jusqu'où ne peuvent pas venir les premières à prix égal. Laissez ce principe s'appliquer librement, et bientôt un équilibre général s'établit sur tout le globe entre la meilleure production et la plus large consommation ; vous décuplez les conditions du bien-être, et vous changez la face actuelle des choses. Chaque pays ne s'appliquera plus qu'à produire ce qu'il peut produire le mieux et de plus facile écoulement, et il recevra en échange ce qu'il ne pourrait produire avec les mêmes avantages ; on n'en verra plus s'épuiser comme aujourd'hui à produire en mauvaise qualité et en petite quantité des choses qui leur arriveront meilleures, plus abondantes et à moindres frais. Prohiber l'entrée de produits étrangers, ou, ce qui revient au même, la rendre impossible par l'établissement des droits d'importation, sous prétexte de protéger une industrie locale qui ne pourrait se soutenir sans cela et qui par conséquent est établie dans de mauvaises conditions, c'est vouloir favoriser quelques individus aux dépens du public, c'est sacrifier à l'intérêt particulier d'un producteur qui s'obstine à suivre une fausse voie, l'intérêt de mille consommateurs que l'on condamne ainsi à payer chèrement ou à se refuser ce qu'ils pourraient se procurer à meilleur marché et de qualité meilleure. Et puis voyez les autres conséquences du système. Vous prohibez les fers ou les tissus d'une nation en faveur de la production des vôtres qui ne les valent pas; alors, de son côté, cette nation, vous rendant la pareille, prohibe vos vins, vos objets d'art, etc. Comme un mal en appelle un autre, il pourra même arriver que, dans les années où vos récoltes en céréales, par exemple, seront insuffisantes, cette nation vous refuse l'excédant des siennes, vous infligeant ainsi cruellement la famine et les calamités qu'elle traîne à sa suite. Cette considération suffirait à elle seule pour motiver la suppression des barrières de douanes. En effet, sans ces barrières, les famines qui ont si souvent désolé le monde, seraient désormais impossibles. Il n'y a jamais eu et il ne peut heureusement pas y avoir de dérangement des saisons qui se fasse sentir sur toute la surface du globe. Dans les conditions générales de la période géologique actuelle et tant que cette période se maintiendra, la somme moyenne de chaleur et d'humidité répandue autour de la terre est constante, d'où il suit que les forces qui président aux phénomènes du règne végétal, demeurent les mêmes et peuvent toujours répondre au travail de l'humanité lui demandant la somme de productions qui lui est nécessaire. S'il y a, par défaut ou par excès de chaleur ou d'humidité, déficit dans les récoltes, au nord ou au midi, à l'orient ou à l'occident, cela est compensé par un excédant dans d'autres contrées. Laissez cet excédant refluer librement sur les points où il est appelé, et le déficit n'existe plus nulle part. N'est-il pas manifeste que, par cette loi générale de répartition des moyens de subsistance, la Providence a donné aux diverses races composant la famille humaine et disséminées sur le globe, cet avertissement, qui leur vient du reste par beaucoup d'autres voies, à savoir qu'elles doivent combler les distances qui les séparent, au moyen de relations bienveillantes et de services réciproques, au lieu de se diviser comme elles l'ont fait jusqu'ici ? C'est ainsi que le système douanier contribue à perpétuer avec la misère universelle ces rivalités internationales, causes de tant de guerres et de tant de désastres. A qui tout cela profite-t-il ? à ces gouvernements qui veulent continuer de mener les hommes par l'isolement et la division, ainsi qu'à quelques hauts seigneurs de l'industrie et aux parasites attablés autour du fisc. Mais les nations? Elles ont tout à y perdre. Donc liberté entière des terres et des mers. Liberté absolue et immédiate des échanges. Je dis *absolue et immédiate*, pour n'être point confondu avec ceux qui, paraissant désirer aussi la liberté des échanges, y mettent diverses sortes de conditions ayant pour effet de l'ajourner indéfiniment. Les entraves du système douanier sont tellement vexatoires pour les individus et tellement contraires à la prospérité bien entendue des nations, qu'il n'est presque personne aujourd'hui qui le défende par des arguments directs. Que font donc ceux qui sont intéressés à son maintien? Ils recourent à des moyens indirects et surtout à celui-ci, qui présente au premier abord une apparence de raison, mais qui n'est au fond qu'une échappatoire : — Nous ne demandons pas mieux, disent-ils, que de voir enlever nos barrières de douanes. Mais que les autres nations *commencent* par supprimer les leurs; car il ne serait ni juste ni conforme aux intérêts de notre industrie qu'elles pussent nous inonder de leurs produits en refusant de recevoir les nôtres (1). — Vous pourriez croire que ceux qui tiennent ce langage, se préoccupent beaucoup des intérêts de la justice et du progrès de l'industrie. Ils se préoccupent par dessus tout

---

(1) Cette invitation à *commencer* se retrouve dans des sophismes de plus d'une sorte.

« Que nos voisins commencent par supprimer leurs armées », ont souvent dit aussi les fauteurs du système des armées permanentes, et les voisins les ont invités à donner l'exemple, et loin de désarmer on s'est armé toujours davantage. Les partisans du maintien de la peine de mort redisent aussi cette grosse tautologie, mise en circulation par un homme d'esprit : « Que messieurs les assassins commencent. » Messieurs les assassins ne pouvaient manquer de répondre : « Commencez vous-mêmes par supprimer votre échafaud », et en attendant ils ont continué à travailler de leur métier.

de leur intérêt privé. La suppression du système actuel les obligerait à chercher d'autres voies, moins commodes, pour s'enrichir; il leur faudrait peut-être travailler dans ce but vingt ou trente ans au lieu de dix (1).

---

(1) Un opuscule, chef-d'œuvre de bon sens et d'honnêteté économique, a rendu célèbres les raisonnements des protectionnistes :

« M. Prohibant consacrait son temps et ses capitaux à convertir en fer le minerai de ses terres. Comme la nature avait été plus prodigue envers les Belges, ils donnaient le fer aux Français à meilleur marché que M. Prohibant, ce qui signifie que les Français pouvaient obtenir une quantité donnée de fer avec moins de travail en l'achetant aux honnêtes Flamands. Aussi, guidés par leur intérêt, ils n'y faisaient faute, et tous les jours on voyait une multitude de cloutiers, forgerons, charrons, mécaniciens, maréchaux-ferrants et laboureurs, aller par eux-mêmes ou par des intermédiaires se fournir en Belgique. Cela déplut fort à M. Prohibant... Si j'obtenais, dit-il, qu'il sortît de la grande fabrique parisienne une toute petite loi portant *Le fer belge est prohibé*, j'atteindrais les résultats suivants : Le gouvernement ferait

Leur objection captieuse est répétée journellement par beaucoup de personnes qui y apportent plus ou moins de bonne foi. On a vu tout à l'heure que ce qu'ils affectent d'appeler l'intérêt de l'industrie en général, n'était que l'intérêt particulier de certaines industries avides, et que cet intérêt ne pouvait se satisfaire qu'au grand détriment de l'intérêt général des consommateurs,

---

remplacer les quelques valets que je voulais envoyer à la frontière par vingt mille fils de mes forgerons, cloutiers, maréchaux, artisans, mécaniciens et laboureurs récalcitrants. Puis, pour tenir en bonne disposition de joie et de santé ces vingt mille douaniers, il leur distribuerait 25 millions de francs pris à ces mêmes forgerons, cloutiers, artisans et laboureurs. La garde en serait mieux faite; elle ne me coûterait rien, je ne serais pas exposé à la brutalité des brocanteurs, je vendrais le fer à mon prix, et je jouirais de la douce récréation de voir notre grand peuple honteusement mystifié. Cela lui apprendrait à se proclamer sans cesse le précurseur et le promoteur de tout progrès en Europe. Donc M. Prohibant se rendit à la fabrique de lois. Il fit valoir auprè

c'est-à-dire de l'universalité des membres de la société. Je ne veux pas dire que les Etats confédérés ne pussent et ne dussent en même temps chercher à amener, par voie de proposition et de négociation pacifique, les autres Etats à supprimer aussi leurs barrières de douanes. Nul doute qu'ils ne réussissent dans cette proposition auprès de plusieurs nations qui verraient fort bien qu'un refus tournerait en définitive contre leurs intérêts généraux. Le seul côté sérieux de la question est le malaise et le déclassement mo-

---

de messieurs les législateurs cette considération : Le fer belge se vend en France à 10 francs, ce qui me force de mettre le mien au même prix. J'aimerais mieux le vendre à 15, et ne le puis à cause de ce fer belge, que Dieu maudisse. Fabriquez une loi qui dise : *Le fer belge n'entrera plus en France.* Aussitôt j'élève mon prix de 5 francs, et voici les conséquences. Pour chaque quintal de fer que je livrerai au public, au lieu de recevoir 10 francs, j'en toucherai 15, je m'enrichirai plus vite. » F. Bastiat, *Ce qu'on voit et ce qu'on ne voit pas.*)

mentané que causera parmi les ouvriers l'application de l'entière liberté des échanges, dans les contrées où sont établies aujourd'hui en de mauvaises conditions certaines industries. Mais on comprend que ce n'est là qu'un mal local et passager, qui ne doit nullement être mis en balance avec le mal universel résultant du système douanier, et que les travailleurs des contrées susdites trouveront d'ailleurs, un peu plus tôt ou un peu plus tard, d'autres moyens d'employer utilement leur activité. De pareilles perturbations accidentelles se sont toujours produites nécessairement partout où quelque grand progrès s'est accompli, et jamais elles n'ont pu être considérées comme une bonne raison pour repousser ce progrès. »

Enfin, et j'aurais pu placer ce point en tête de tous les autres, parce que, dans mon opinion personnelle, il les prime tous, reconnaissance de l'entière liberté religieuse. La déclaration que j'ai faite presque au début de ce chapitre ne permettra, j'espère, à personne de penser que je réclame cette absolue liberté de conscience par une disposition d'esprit contraire à la véritable piété. J'éprouve une répulsion profonde pour les doctrines matérialistes, en faveur aujourd'hui parmi tant d'écrivains, et cela précisément parce que le fatalisme auquel elles aboutissent pour tout esprit logique, est ce qu'il y a de plus opposé aux intérêts de la cause libérale et par conséquent de plus favorable à toutes les sortes de tyrannie. Parmi les si nombreux travers de l'esprit, ce qui doit donc causer le plus pénible étonnement, c'est que des hommes animés de sentiments libéraux puissent repousser, je ne dis pas l'idée de la Divinité que façonnent et enlaidissent les fausses religions, mais celle du Dieu de la philosophie spiritualiste. Ce Dieu-là signifie sagesse et bonté autant que science et puissance; c'est le type de toute vérité, de toute beauté, de toute grandeur ; c'est le justicier suprême et le refuge des faibles et des opprimés, le protecteur enfin de la liberté dont il nous a doués et qui est l'indispensable condition du caractère moral de nos actes. Que peut donc avoir de compromettant pour les soutiens de la liberté l'idée d'un tel Dieu ? Ne leur vient-elle pas en aide au contraire dans leurs revendications, et ne devraient-ils pas dès lors être les plus empressés à l'invoquer, loin de la tenir en suspicion quand encore ils ne vont pas jusqu'à la répudier outrageusement ? C'est là, je le répète, un des plus tristes sujets d'étonnement de ce temps et l'une des plus affligeantes maladies d'un trop grand nombre de nos coreligionnaires en politique. Nous ne nous sommes fait faute de le dire sans nous laisser arrêter par la crainte d'être confondu avec ces spéculateurs en religion qui gémissent le plus bruyamment des progrès de l'impiété, espérant sans doute par là détourner l'attention publique de la grosse part de responsabilité qu'ils ont dans le débordement de ce fléau, l'un des plus menaçants de l'époque assurément. Plus nous nous attachons à la sainte cause de la liberté, plus nous éprouvons le besoin de nous appuyer sur les idées, claires autant que fortes, de Dieu, de l'immatérialité de nos âmes et de leurs immortelles destinées, et nous ne comprenons pas que d'autres que les fauteurs de la tyrannie et de l'improbité sous ses formes multiples croient avoir intérêt à les méconnaître (1). C'est par la liberté seule que pourra se régé-

---

(1) Les plus détestables despotes ont été fatalistes. Suétone dit de Tibère : « Addictus mathematicæ plenusque persuasionis cuncta fato agi. » Ce qui ne l'empêchait pas d'avoir une peur extrême du tonnerre ; il ne manquait jamais, en temps d'orage, de se mettre sur la tête une couronne de laurier, parce qu'on prétendait alors que le feuillage de cet arbuste repousse la foudre : « Tonitrua tamen præter modum expavescebat, et turba-

nérer le sentiment religieux, si affaibli et si corrompu surtout par le fait même des hommes qui s'en disent les défenseurs officiels. Mais ne nous faisons pas illusion, l'entière liberté religieuse ne s'obtiendra que par la séparation des États d'avec les églises. L'État doit assurer à toutes les religions une liberté d'exercice sans limites et laisser à tous les citoyens, avec la pleine faculté de s'associer à cet effet, la charge des frais du culte qu'il leur convient d'adopter, mais n'en salarier lui-même aucun. L'État se compose de

---

tiore cœlo nunquam non coronam lauream capite gestavit, quòd fulmine afflari negetur id genus frondis. » (Vie de Tibère, LXIX.) On sait que Napoléon Ier, tout en faisant, quand il croyait y avoir quelque intérêt, d'hypocrites démonstrations religieuses, était fataliste comme son modèle Jules César et ne s'en cachait guère dans l'intimité. Quant à Napoléon, appelé le Petit par opposition à celui qui ne méritait pas davantage le surnom de Grand, il croyait également à son étoile et amalgamait cette superstition avec une tartuferie idiote.

la totalité des citoyens, et le trésor public des sommes que chacun d'eux, à divers titres et sous diverses formes, vient y verser. Dès lors n'est-il pas non-seulement inique et immoral mais souverainement ridicule que ceux d'entre eux qui ne professent pas telles religions et qui peuvent même les tenir pour fausses et impies, soient obligés de contribuer à leur entretien et à leur propagation ? Ce qui a pu se faire dans des temps où il y avait unité de foi, vraie ou apparente, non-seulement n'a plus de raison d'être à une époque où cette unité est si loin d'exister, mais constitue une situation qui violente les droits les plus sacrés de la conscience. Sans doute il y a là une économie considérable à réaliser dans les budgets nationaux ; mais le point de vue financier est le côté le plus petit de la question : il s'agit avant tout d'obtenir enfin la réalité de la liberté religieuse, qui est absolument impossible dans le système de l'alliance de l'État avec les églises. Partout où il y a un culte déclaré national, le clergé privilégié a mille moyens, patents ou plus ou moins cachés, d'opprimer les cultes dissidents. A Dieu ne plaise que je vienne demander que l'on persécute à leur tour les cultes aujourd'hui en possession de ces moyens d'oppression. Le temps est passé des mesures d'intolérance en matière de religion, mesures qui seraient plus odieuses encore que partout ailleurs dans des sociétés délivrées du joug du despotisme et qui ne sauraient pas s'affranchir de leur propre tyrannie. La France croyait avoir conquis cette liberté au prix des terribles épreuves de sa première Révolution, lorsque Bonaparte, premier consul, la lui ravit avec toutes ses autres libertés. C'est un des grands attentats d'un homme dont la mémoire ne saurait être trop maudite. Son décret du 18 germinal an X (8 avril 1802) rétablissait l'alliance officielle de l'État avec les églises, alliance qu'avait définitivement rompue le décret du 3 ventôse an III (22 février 1795), par lequel la Convention avait en même temps proclamé de nouveau la liberté religieuse. Voici quelques-unes des dispositions de cet acte de la Convention, acte mémorable et dont la sagesse a été si méconnue.

Article premier. — Conformément à l'article 7 de la déclaration des droits de l'homme et à l'article 122 de la Constitution, l'exercice d'aucun culte ne peut être troublé.

Art. 2. — La République n'en salarie aucun.

Art. 3. — Elle ne fournit aucun local ni pour l'exercice du culte ni pour le logement des ministres.

Art. 4. — Les cérémonies de tout culte sont interdites hors de l'enceinte choisie pour leur exercice.

Art. 5. — La loi ne reconnaît aucun ministre de culte.

Art. 8. — Les communes ni les sections de communes, en nom collectif, ne pourront acquérir ni louer de local pour l'exercice des cultes.

Art. 10. — Quiconque troublerait par violence les cérémonies d'un culte quelconque ou en outragerait les objets, sera puni suivant la loi du 22 juillet 1791 sur la police correctionnelle. »

Toutes ces dispositions, aussi sages que libérales, peuvent être reprises; mais je n'approuverais pas qu'on rétablît également les suivantes qui y font tache. L'article 5, non content de ne reconnaître aucun ministre de culte, ajoute que *nul ne peut paraître en public avec les habits, ornements ou costumes affectés à des cérémonies religieuses*. Si cela s'entend uniquement de l'interdiction des cérémonies religieuses sur la voie publique, qui appartient à tout le monde, c'est fort bien; mais cela peut s'entendre et par le fait cela s'est entendu de l'interdiction de paraître en public, revêtu de tel ou tel costume de secte religieuse, et alors cela est contraire aux rigoureuses exigences de la liberté de conscience. S'habiller de telle ou telle façon, pourvu qu'elle n'offense point la décence publique, c'est le droit de tout citoyen, et je ne vois aucune nécessité à ce que le législateur intervienne pour empêcher ceux à qui il plaît de se donner en spectacle, de le faire à leurs dépens. L'article 7, non content d'interdire de *placer dans un lieu public* aucun signe particulier à un culte, défense qui peut se justifier si on l'entend d'un établissement à demeure encombrant la voie publique ou blessant la croyance de telles classes de citoyens, ajoute qu'aucune inscription ne pourra désigner le lieu affecté à un culte, et qu'aucune convocation publique ne pourra être faite pour y inviter les citoyens. Or ces dernières interdictions seraient arbitraires et vexatoires. Des inscriptions indiquant la destination de tels édifices n'obligent personne à y entrer, et des convocations ne s'adressent qu'à ceux qui veulent bien s'y rendre ; cela ne trouble pas plus l'ordre public que les enseignes industrielles, les affiches de toutes sortes apposées aux murailles, les invitations adressées aux citoyens par la voie de la presse, toutes choses qui sont loin d'être du goût de tout le monde.

Il y a des gens qui aiment à se créer des fantômes pour s'effrayer eux-mêmes et effrayer les autres ; ceux-là ne manqueront pas de dire qu'en l'absence d'une religion officielle, entretenue aux frais de l'État, les sectes en se multipliant vont troubler le monde. Ceux-là aussi se trompent de temps. Du désordre causé dans le passé par les sectes religieuses, conclure qu'elles feraient encore aujourd'hui courir des dangers à la chose publique, c'est juger du présent et de l'avenir par un passé dont les conditions ne doivent plus se reproduire. Dans quels temps et quelles sociétés les discussions des sectes religieuses ont-elles causé tant de mal? Là précisément où des hommes se sont arrogé le droit d'imposer des croyances à leurs semblables et d'établir d'autorité l'unité de la foi; là où l'on a admis, au sein du même État, deux pouvoirs, l'un spirituel et l'autre temporel, qui divisent eux-mêmes la société lorsqu'ils viennent à se combattre, et qui font plus de mal encore lorsqu'ils s'associent. Le principe de l'alliance de l'Église et de l'État une fois posé, cette conséquence en découle nécessairement : L'État doit prêter sa force matérielle à l'Église pour la consolidation et la propagation de son œuvre doctrinale. Dès lors une religion devient dominante, et ceux qui la professent, prétendant à une protection exclusive, déclarent la guerre aux dissidents : telle est la pente que suit l'esprit de l'homme quand il n'a pas encore appris à séparer le domaine de la conscience du gouvernement des choses de ce monde. Les dissidents résistent tout naturellement à l'oppression ; ils luttent avec d'autant plus d'énergie qu'on s'attaque en leurs personnes au droit le plus respectable. Trop souvent il arrive que poussés à bout par la tyrannie et s'endurcissant eux-mêmes au métier de la guerre, ils exercent des représailles aussitôt qu'ils le peuvent. De là des haines implacables et une série sans fin de déchirements. Quelle est donc encore une fois la source de tout ce désordre? N'est-ce pas précisément cette prétendue autorité d'une religion d'État, qui instituée pour empêcher qu'il n'y ait des sectes religieuses, est, par le fait seul de son existence, la principale raison pour laquelle ces sectes pullulent ? Si le pouvoir gouvernemental, ne comprenant pas les nécessités amenées par le progrès des temps ou ne voulant y satisfaire qu'à demi, recourt à ce compromis par lequel, maintenant son alliance avec l'église dominante et pactisant également avec les églises dissidentes, il en vient à commissionner et à rétribuer les ministres des divers cultes, qui deviennent ainsi des fonctionnaires chargés par lui d'enseigner des religions contradictoires et se disant réciproquement anathème, alors on aboutit à la confusion religieuse et morale ; car il devient évident que l'autorité, dite temporelle, ne voit plus dans la religion qu'un moyen de police. Lorsqu'une fois elle s'est déconsidérée à ce point dans l'esprit des populations, il n'est sorte de maux qui ne puissent fondre sur la société. Telle a été la situation de la France depuis le commencement de ce siècle, où Bonaparte procéda aussi sérieusement qu'il le put à cette restauration, si vantée, des autels, et fit avec trois cultes se détestant cordialement, le catholicisme, le protestantisme et le judaïsme, cette alliance officielle qui a semé et recueilli la tartuferie et l'impiété, et qui depuis a progressé en s'adjoignant un quatrième culte sur le sol musulman de l'Algérie. Qu'au lieu de recourir à ces petits moyens d'une politique corrompue, l'État se sépare complétement des églises, qu'il ne s'immisce plus dans une œuvre qui n'est pas la sienne et qu'il ne peut que pervertir, qu'il ne salarie aucun culte, qu'il leur accorde à tous la véritable liberté d'exercice au lieu de se contenter de l'inscrire dans des chartes menteuses, qu'il assure une égale protection à tous les citoyens sans aucune acception de religion, alors nous entrons dans une phase toute nouvelle, où les dissensions des diverses sectes religieuses, n'ayant plus d'aliments, ne sont plus ni redoutables ni même possibles. Quelle raison en effet, quel prétexte pourraient invoquer pour se faire la guerre, des sectes qui n'auraient aucun privilége, aucun bien exclusif à s'envier, et qui n'auraient rien à craindre les unes des autres, assurées qu'elles seraient de jouir de tous les droits d'une parfaite égalité et d'une entière indépendance? (1)

Tels sont les principes fondamentaux qui devront présider à la confection d'un Code international. On peut changer les termes dans lesquels je les ai exprimés, pourvu que le fond demeure intact; car c'est un ensemble dont toutes les parties sont solidaires les unes des autres : un seul de ces principes continuant d'être violé, on n'aurait donc fait qu'une œuvre stérile.

Quelqu'un des derniers fauteurs de traditions surannées nous dira peut-être : « Et la question des neutres ! N'en traiterez-vous pas *ex professo?* » Il nous semble que notre réponse était faite d'avance. A nos yeux, la question des neu-

(1) Pour plus ample discussion de ces grandes questions de philosophie religieuse, je prends la liberté de renvoyer le lecteur à mes deux ouvrages spéciaux : *Examen critique des doctrines de la religion chrétienne* et *Rénovation religieuse.*

tres a presque toujours été un champ de manœuvres pour la mauvaise foi et la perfidie de certains gouvernements que rien ne doit gêner dans leurs projets d'envahissement ou d'oppression. On sait quel profit voudrait en faire à cette heure un nouvel empire. Que ceux-là donc continuent d'exercer leur éloquence sur ce texte d'inépuisable dispute, qui travaillent encore à l'œuvre naïve de la *civilisation de la guerre;* mais étant placés ici au point de vue de la suppression des armées permanentes et par conséquent de la cessation des conflits internationaux dont l'existence même de ces armées est la cause principale pour ne pas dire unique, nous n'avons à raisonner que dans cette hypothèse. L'objet de ce livre est de traiter des mesures à prendre pour arriver à l'abolition de la guerre, et non de tracer des règles sur les diverses façons dont elle devra se faire encore ou ne pas se faire, sur ce que pourront se permettre ou devront s'interdire gouvernements et particuliers, étrangers aux populations en guerre, sur les actes d'assistance, plus ou moins directe ou indirecte, prêtée à l'un des belligérants (exportation, patente ou cachée, d'armes, de munitions, de moyens de ravitaillement, etc.) qui violent ou ne violent pas de prétendues règles, jamais formulées nettement et toujours invoquées arbitrairement. Toutes ces questions, sources intarissables de malentendus et de débats pleins de mauvaise foi, sont pour nous, je le répète, sans objet, ou plutôt, si les occasions devaient s'en représenter, sont déjà résolues, pour peu de sincérité qu'on veuille y mettre, par les plus élémentaires des principes de droit naturel que nous avons exposés.

Etant admises les bases du Code international, et les peuples pouvant alors et seulement alors communiquer entre eux librement et amicalement, s'étudier, se connaître et s'apprécier, que de préjugés et d'étroites idées s'évanouiront, que de bons sentiments naîtront, quelles sources nouvelles s'ouvriront de développement intellectuel et de perfectionnement moral ! Et dans l'ordre matériel et économique, que de grandes choses, intéressant le bien-être général et irréalisables dans l'état actuel de division des peuples, deviendront d'une exécution facile ! Il suffira d'en citer quelques exemples : endiguement, canalisation et redressement des grands fleuves dans le double but de prévenir les ravages des inondations et d'aménager les eaux en de vastes réservoirs d'irrigation des contrées desséchées, reboisement des montagnes dénudées, défrichement et mise en culture des landes et des terrains vagues, établissement de ports et dégagement des deltas, desséchement et assainissement des contrées marécageuses, construction de voies universelles de communication, ouverture d'isthmes et comblement de détroits, etc., etc. Toutes ces entreprises, dont l'exécution dépasserait aujourd'hui la puissance des Etats les plus riches, deviendront faciles à la communauté des peuples associés. C'est ainsi qu'à présent la commune peut faire ce que ne ferait aucun de ses habitants, la province ce que ne ferait aucune commune, l'Etat enfin ce que ne ferait aucune province. Qui ne voit dès lors quel immense avenir de perfectionnements en tout genre s'ouvre devant l'humanité?

La plupart des Etats actuels de l'Europe pourront être amenés sans trop grande résistance à adopter les principes de droit international que je viens d'indiquer rapidement ; mais, dans la situation politique, créée par les derniers événements militaires, il sera plus difficile d'en déterminer quelques-uns à accepter les grands principes du désarmement, de la suppression des barrières de douanes et de la séparation des Etats d'avec les églises, principes sans la reconnaissance desquels il ne faut point penser à la réalisation de l'institution que nous avons en vue. C'est la raison pour laquelle j'y ai insisté plus particulièrement et plus longuement que sur les autres points. Les haines sont encore bien vives, les défiances bien tenaces et les intérêts bien exigeants. Est-ce une raison pour désespérer de réussir et pour ne point le tenter? Assurément non. Si le succès n'est pas immédiat, il sera préparé pour un temps plus ou moins prochain. Combien il serait digne de la France de prendre à cet égard un rôle d'initiative, lorsqu'après avoir cicatrisé les plaies qui saignent encore et par lesquelles elle expie de coupables défaillances, elle aura repris, sous une constitution sérieusement républicaine, sa généreuse mission de travailler dans les premiers rangs au progrès humanitaire! Quelle haute idée ne donnerait-elle pas de son honnêteté politique en même temps que de la conscience de sa force, survivant ainsi à l'une de ses plus poignantes humiliations !

Qui sera chargé du soin de rédiger le Code international ? Evidemment des hommes choisis parmi les juristes, les publicistes, les philosophes et les économistes offrant les plus hautes garanties de science et de vertu. Qui les désignera ? Si je ne me trompe, il importera de s'adresser pour cela aux sociétés libres de toutes attaches aux gouvernements et à leurs divers corps officiels. Les gouvernements ne se décident à entrer dans la voie des réformes que lorsqu'ils y sont forcés par l'opinion publique. Sous prétexte d'avoir à résister aux entraînements irréfléchis, ils agissent avec une lenteur et une circonspection extrêmes, ayant toujours peur de voir se précipiter le char dont ils tiennent les rênes. Lorsque la pression, raisonnée et persistante, de l'opinion les aura fait sortir de leur torpeur habituelle, ce sera alors qu'il y aura à réclamer leur intervention. En quel nombre seront les rédacteurs du Code international? Si j'avais à opiner à cet égard, je serais d'avis qu'ils fussent peu nombreux, et que chacune des huit sociétés suivantes en désignât un : Sociétés de la paix de Paris, de Londres, de Genève, de Bruxelles, de La Haye, de Boston et de Philadelphie, et Société des économistes de Paris. Ces commissaires auraient à se concerter sur l'époque et le lieu de leur réunion, et sur l'ordre et la nature de leurs travaux soit individuels soit collectifs. M. Miles, secrétaire d'une des sociétés américaines de la paix, délégué pour venir conférer sur cette importante matière avec les membres des sociétés européennes, a proposé, dans de récents meetings, tenus à Londres et à Paris, qu'un travail préparatoire fût rédigé par une réunion de *quarante à cinquante* des plus renommés jurisconsultes du monde entier, puis soumis à l'acceptation des divers gouvernements. Déjà M. Henri Richard, tout en s'associant à l'intention qui a dicté la proposition de M. Miles, a fait justement ressortir les difficultés de diverses sortes qu'il y aurait à réunir un aussi grand nombre de rédacteurs. J'ajouterai que, sans penser à exclure les jurisconsultes, je ne serais nullement d'avis de leur confier exclusivement la tâche en question. Je craindrais qu'en cédant à de fâcheuses habitudes de profession, au lieu du travail qui leur serait demandé et qui devrait être substantiel dans sa brièveté autant que large dans sa simplicité, ils ne produisissent une œuvre prolixe, embrouillée et recélant, dans de trop nombreux articles, analogues à ceux des codes ordinaires de droit civil et criminel, une foule de dispositions et de formules de procédure, plus propres à engendrer la guerre qu'à la prévenir.

Le Code international étant rédigé et accepté par les parties contractantes, comment et par qui devra-t-il être appliqué ?

CHAPITRE III

DE L'INSTITUTION D'UN HAUT TRIBUNAL, JUGE SOUVERAIN DES CONTESTATIONS QUI SURVIENDRAIENT ENTRE LES ÉTATS CONFÉDÉRÉS.

L'ordre de choses dans lequel il s'agit de faire entrer aujourd'hui les différents peuples étant entièrement nouveau, personne ne peut prétendre résoudre dès à présent toutes les questions de détail qui s'y rattachent, par exemple les questions de savoir où siégera et comment se composera le Tribunal suprême, qui en choisira les membres et pour combien de temps, si chaque nation confédérée y enverra un même nombre de représentants ou un nombre proportionné à son étendue, etc. Ce qui importe le plus pour le présent, c'est de propager l'idée de la nécessité et de la possibilité que les peuples s'unissent pour rendre désormais la guerre impossible, ou au moins pour en réduire aux p'us minimes proportions les désastreuses conséquences dans les cas toujours plus rares où elle deviendrait inévitable. Cela bien compris et la volonté de mettre la main à l'œuvre naissant enfin, l'exécution s'ensuivra avec les perfectionnements auxquels il n'est donné à personne d'arriver du premier bond et que l'expérience seule pourra indiquer. Je dirai néanmoins que le nombre de membres dont se composera le haut Tribunal, serait, si cela dépendait de moi, peu considérable, un juge par Etat, désigné par le Parlement. Au premier abord et si l'on ne prend pas soin de se dégager des idées et des habitudes d'après lesquelles sont nommées, dans les divers pays, les Assemblées législatives, il semble que le nombre de juges attribué à chaque Etat confédéré, devrait être proportionné à sa population. Mais ce serait partir d'un principe qui ne pourrait recevoir ici son application sans menacer l'avenir de la confédération. En effet le haut Tribunal ne sera pas appelé à faire des lois, mais à veiller à ce que les intérêts des Etats associés, garantis par le Code international, soient également protégés, et il est évident que les petits Etats n'ont pas moins d'intérêt que les grands au maintien de la paix ; ils y ont au contraire plus d'intérêt, étant plus exposés à être opprimés par les forts. Ce sont donc surtout ces derniers qui doivent être contenus dans les tentations d'abuser de leur force (1). Si l'on se réglait ici sur l'étendue et l'importance des

(1) Ce principe est appliqué en Suisse et aux États-Unis d'Amérique pour la composition des conseils supérieurs. Chacun des vingt-deux cantons suisses, grand ou petit et quelles que soient sa population et son importance, envoie deux membres au conseil des États. Dans les États-Unis d'Amérique, chacun des trente-sept États envoie deux membres au Sénat fédéral.

Etats, voyez où l'on irait : en attribuant, par exemple, à la Hollande le droit de désigner un membre du Tribunal suprême, il faudrait attribuer à la Prusse le droit d'en désigner douze, à la Russie le droit d'en désigner vingt-cinq. Or un Tribunal ainsi composé ne pourrait inspirer aucune confiance aux petits Etats, c'est-à-dire précisément à ceux qui sont les plus intéressés à pouvoir compter sur l'impartialité des juges.

« Eh quoi ! dira-t-on, c'est à une réunion d'un si petit nombre de membres, que vous voulez confier le pouvoir exorbitant de régler souverainement, sans contrôle ni veto des parties intéressées, les destinées futures de l'Europe, du monde peut-être ! » J'ai été au-devant de cette objection dans mon livre *De la Guerre*. Le Tribunal suprême, ai-je répondu, n'exercera qu'un pouvoir dont on ne peut pas abuser et dont jusqu'à ce jour les conseils politiques n'ont pas fait grand cas, quoique ce soit le plus appréciable de tous les pouvoirs, celui de réparer le mal déjà commis et d'empêcher d'en commettre un plus grand. S'il s'agissait de lui conférer des fonctions politiques et législatives en permanence, je serais le premier à reculer devant la pensée de créer aujourd'hui un tel pouvoir. Mais, une fois que le pacte d'union, fixant les lois fondamentales des rapports internationaux, aura été rédigé et librement accepté par toutes les nations confédérées, le Tribunal suprême n'aura plus à exercer que des fonctions judiciaires, qu'un rôle de conciliation dans la plupart des cas, et ici non-seulement il n'y a aucun inconvénient, mais il y a plusieurs avantages à ce que ses jugements soient sans appel, et doivent absolument recevoir leur exécution sans avoir besoin d'être soumis à aucune sanction préalable. Il ne faut pas non plus se le représenter occupé à entasser sophismes sur sophismes comme certains parleurs de telles assemblées, brouillant les intérêts des provinces et des particuliers comme tels hommes d'Etat et tels administrateurs. Il contribuera, j'espère, à amoindrir l'importance personnelle que s'attribuent ceux qui sont en possession de ce triste rôle, mais il ne les dépouillera pas; car, une fois les associations politiques formées autant que possible d'éléments sympathiques et naturels, de véritables raisons d'être, établies sur le libre choix, plus encore que sur la communauté d'origine, de langue, de mœurs, de climat, etc., chacune des nations confédérées devra, ainsi qu'on l'a vu plus haut, conserver sa liberté et son individualité propre, s'organiser et se gouverner intérieurement comme elle l'entendra, en respectant, cela va sans dire, les limites qui auront été convenues dans l'intérêt commun de la confédération. Son rôle à lui sera plus digne. Il veillera silencieusement à ce que rien ne vienne troubler l'ordre général et la paix de la communauté. Il ne fabriquera pas de lois, il appliquera celles de l'éternelle sagesse. Un pareil rôle demande plus de sens et surtout plus d'honnêteté que de faconde, et ne peut être rempli que par des hommes réunissant à une haute capacité la plus haute vertu, véritable élite, tête et cœur de l'humanité. Or on peut trouver en Europe quinze ou vingt sages de cette trempe ; on n'en trouvera jamais des centaines. Pour trouver ces quelques véritables sages, il n'y a, selon moi, qu'un moyen, c'est de ne les payer qu'en monnaie de vénération et de reconnaissance. Toutefois, comme il peut s'en rencontrer parmi les hommes dénués de fortune, et que c'est même là plutôt qu'ailleurs qu'il s'en rencontrera, il ne faut pas que cette circonstance mette celui qui serait jugé digne d'une aussi grande mission dans l'impossibilité de la remplir et par conséquent de l'accepter. Il convient, dans ce cas, de le défrayer, par une indemnité, des dépenses qu'entraînerait pour lui et sa famille l'acceptation de son mandat (1). Mais qu'on se garde bien de l'enrichir. Cette suprématie nouvelle devra se distinguer de celles du passé par sa sublime simplicité et ne briller que par l'éclat de ses mérites éminents ; elle n'aura d'autre cortége, d'autre garde que l'amour et la gratitude des peuples. Est-ce que ce genre de royauté n'est

---

(1) Je mets à part les frais de voyage, de courriers et de bureaux, qui seraient bien loin toutefois d'égaler les énormes dépenses nécessitées par ces luxueuses ambassades que les divers États européens entretiennent aujourd'hui. Car un des avantages, secondaire assurément mais qui mérite d'être noté, du système proposé, serait de rendre inutiles et par conséquent de permettre de supprimer ces ambassades. En effet le représentant ou les représentants de chaque nation confédérée dans le Tribunal suprême, correspondant habituellement avec elle, ce Tribunal serait constamment tenu au courant de ce qui surviendrait d'important dans chacune d'elles, et chacune d'elles, à son tour, serait informée par son représentant ou ses représentants respectifs de ce qui se passerait chez ses coassociées.

pas une création digne du siècle ? Peut-être répondra-t-on : « C'est trop beau. » Nous savons ce que veut dire et ce que cache cette réponse, que l'on a répétée toutes les fois qu'il s'est agi de faire un pas en avant, et qu'après avoir de toutes ses forces résisté au progrès, on s'est trouvé à bout d'arguments et de moyens. Si l'on écoutait ceux qui tiennent ce langage, l'humanité resterait éternellement embourbée. Mais cette fois encore elle marchera, malgré leurs efforts pour l'entraver. Elle n'aura pas peur de l'excès du beau, sachant trop bien qu'au milieu de tous ses progrès, il lui restera toujours une somme très-grosse de mal.

Je proposerais que le Tribunal suprême, renouvelable par fractions à des époques déterminées, les membres étant d'ailleurs indéfiniment rééligibles, siégeât non point dans une capitale mais dans une ville paisible comme Genève ou Lausanne par exemple.

Voyons comment il exercera sa fonction. Il doit être bien entendu que, dans le pacte d'union des États associés, chacun d'eux a formellement pris d'avance le double engagement de se soumettre, en cas de difficultés et de contestations avec ses coassociés, au jugement du Tribunal suprême, et de considérer comme l'adversaire déclaré de tous et de chacun celui qui, refusant de se soumettre à cette décision, recourrait à la guerre. Les torts qui sont ordinairement des causes ou des prétextes de guerre, et dont une nation ou de simples particuliers peuvent avoir à se plaindre de la part d'une autre nation et à demander le redressement, sont de deux sortes : ou ils sont le fait de simples particuliers, agissant à l'insu et sans l'assentiment de leur gouvernement, ou ils sont le fait même du gouvernement, qui violerait quelques-unes des dispositions du pacte fondamental d'union, précisées par le Code international. Dans l'un et l'autre cas, la nation lésée portera sa réclamation devant le Tribunal suprême, qui jugera si elle est fondée ou non, et qui, dans la première supposition, mettra la nation lésante en demeure ou d'exiger de ses sujets ou d'accorder elle-même, selon les cas, la réparation à laquelle l'offenseur aura été condamné. Presque toujours la réparation sera accordée, et tout se terminera pacifiquement. Mais il pourra absolument arriver que la satisfaction soit refusée particulièrement lorsqu'il s'agira de torts provenant du gouvernement lui-même. Alors le Tribunal déclarera que la nation lésante a manqué à l'engagement qu'elle avait pris comme toutes ses coassociées, de respecter les décisions du pouvoir représentant la confédération. Afin d'apporter dans l'exercice de son autorité le plus de maturité et de modération possible, il fixera un délai passé lequel, si la résistance à son autorité continuait, il déclarerait que la nation infidèle à sa promesse est retranchée de la confédération. De ce moment, tout rapport des nations associées avec la nation retranchée devra cesser (1). Cette peine, véritablement terrible au point de vue élevé d'intelligence et de moralité où nous supposons les associés arrivés, suffira le plus ordinairement pour ramener à la raison la nation qui se serait ainsi isolée. S'il arrivait enfin, ce qui est bien peu probable mais ce qu'il faut prévoir, car nous ne nous attendons point à voir jamais l'amour-propre, l'opiniâtreté et les mauvaises passions entièrement

---

(1) Ce que je propose ici, c'est d'abord que cette nation soit privée des bienfaits généraux de l'union. Quant à interdire toute relation entre les particuliers (commerce, correspondances, voyages, etc.), c'est une question à examiner, question délicate que je ne trancherai point tout en inclinant vers l'affirmative. Mais je dirai qu'il pourrait être fixé un nouveau délai, passé lequel cette seconde sorte d'interdiction serait aussi prononcée, dans le cas où se continuerait la résistance à l'autorité du Tribunal suprême.

extirpés de la nature humaine, s'il arrivait, dis-je, que la nation en question prît une attitude décidément hostile et qu'elle en vînt à porter la guerre sur le terrain de la confédération, ce serait alors le cas où les nations, obligées aussi bien que les individus de veiller à leur conservation par une légitime défense, sont replacées dans l'état de nature et doivent repousser une injuste agression. Le Tribunal suprême ordonnerait alors à la confédération d'opposer la force commune à la partie agressive.

Mais, avant d'aller plus loin, il y a ici à vider une question capitale, déjà traitée dans mon livre *De la Guerre*. Faut-il distinguer entre la guerre offensive et la guerre défensive, et cette dernière est-elle encore illégitime ainsi que l'enseignent un bon nombre d'amis de la paix et des plus distingués? Comme eux nous admettons le principe de l'inviolabilité de la vie humaine, et nous sommes aussi partisans qu'ils peuvent l'être de l'abolition de la peine de mort. Mais l'inviolabilité de la vie humaine, loin de détruire le droit de légitime défense, servirait au besoin à l'établir. Ce droit se fondant sur le devoir de veiller à notre conservation, ne peut, dans certains cas, s'exercer qu'en donnant la mort à un agresseur, c'est lorsqu'il nous est impossible de préserver autrement notre vie injustement attaquée. Mais les nations peuvent être placées à cet égard dans la même situation que les individus. Elles ont aussi le devoir de veiller à leur conservation et par conséquent le droit de légitime défense. Posez le principe contraire, et aussitôt vous faites beau jeu aux envahisseurs barbares ou policés. La terre n'est plus qu'un vaste théâtre d'iniquités, où les oppresseurs seront d'autant plus à l'aise que vous leur aurez dit d'avance qu'ils peuvent vous opprimer impunément. Quelle bonne fortune ne serait-ce pas pour eux que vous vinssiez à bout de persuader aux nations qu'elles n'ont pas le droit, après avoir épuisé tous les moyens pacifiques, de prendre les armes pour se défendre contre une injuste agression? Si un individu annonçait au public qu'il se laissera voler et battre, il serait bien sûr d'être volé et battu. De même un peuple qui déclarerait qu'il ne se défendra pas s'il vient à être attaqué, ne tarderait pas beaucoup à l'être, et s'il n'avait pas un goût prononcé pour la servitude, la nature toujours plus forte que les théories qui la méconnaissent, le forcerait bien à se défendre, de sorte qu'en définitive décliner la guerre de cette façon serait un moyen infaillible de l'avoir. Le principal motif pour lequel on refuse d'admettre une distinction entre la guerre offensive et la guerre défensive, c'est qu'elle peut fournir des prétextes aux agresseurs, qui ne manquent presque jamais de se dire attaqués. Des prétextes, oui, mais non pas des raisons. La distinction entre l'agresseur et celui qu'il attaque est une réalité indépendante de leurs affirmations ou de leurs négations. Si l'agresseur se dit attaqué, qu'est-ce que cela prouve? Qu'il est de mauvaise foi et qu'il ment; mais son mensonge ne fait pas qu'il cesse d'être l'agresseur, et par conséquent ne détruit pas le droit de légitime défense de celui qu'il attaque injustement. L'erreur que je combats, respectable dans son principe, qui est un excès de bienveillance, peut devenir par ses résultats plus fâcheuse qu'on ne le pense généralement. Elle éloigne beaucoup d'esprits droits et honnêtes, qui seraient disposés à venir à nous, mais qui refuseront à jamais d'admettre qu'un homme ou un peuple, injustement attaqué, et qui n'a plus d'autre moyen d'échapper à la mort que de repousser la force par la force, n'a pas le droit de se défendre. Demander trop c'est le moyen de ne rien obtenir. Vouloir que les hommes soient des anges, c'est courir le risque de les voir demeurer démons. Exiger d'eux une perfection que ne comporte pas leur nature, si cela doit s'appeler une perfection, c'est s'exposer à ce qu'ils refusent d'aller à la perfection relative et progressive, la seule possible dans les conditions humaines. Je ne sais si une doctrine enseignant aux hommes qu'ils doivent tendre la gorge aux méchants comme de stupides troupeaux la tendent aux bouchers, ferait fortune parmi de timides cénobites; mais ce qui me semble hors de doute, c'est qu'elle n'aurait aucune chance d'être admise par de simples mortels. Laissons donc à d'autres la tâche de faire des saints et estimons-nous très-heureux si nous pouvons faire des sages. Le but des vrais amis de la paix n'est pas de supprimer la force, même matérielle, qui a dans ce monde une destination légitime, mais d'en régler l'emploi et de la soumettre aux directions de la sagesse.

On le voit donc, il n'y a pas d'idée plus simple ni plus claire que celle de la légitimité de la guerre vraiment défensive, puisqu'elle se fonde sur celle de son absolue nécessité même. Mais par qui et comment doit se faire une guerre de légitime défense?

On sait quelles funestes influences exerce sur l'intelligence et la moralité des militaires de profession l'obéissance passive, érigée en nécessité du métier (1). La seule guerre légitime, celle que réclamerait la défense de la patrie injustement attaquée, ne devrait donc jamais être faite que par des citoyens passagèrement armés soit

(1) Il faut reconnaître du reste que, ce métier étant donné, la pratique des guerres offensives et iniques serait impossible sans cet anéantissement des intelligences et des volontés individuelles; c'est ce qui faisait dire à Frédéric II que, si ses soldats raisonnaient, ils ne voudraient plus se battre. Mais un métier qui aboutit à de telles nécessités est jugé par ce fait même.

volontairement soit par la loi et ayant le sentiment du devoir imposé par la légitimité de la défense, légitimité dont ne peuvent être juges des militaires de profession, n'ayant généralement pour mobiles de leur obéissance que l'amour de la vaine gloire et l'attachement servile à la personne d'un maître habile à flatter leurs passions pour s'en servir comme d'aveugles instruments de son ambition. On objectera que des combattants de passage, tels que pourraient en fournir les milices dont j'ai proposé la formation au chapitre précédent (voir la note de la page 71), se battraient mal. Je pourrais demander à l'histoire soit ancienne soit contemporaine et opposer à cette objection de nombreux et éclatants exemples du contraire. Mais je me contenterai de ces réponses : d'abord, dans la situation où nous nous supposons et où, faute d'exercice, la confédération aurait heureusement désappris les procédés actuels de la guerre, le désavantage, si désavantage il y avait, serait le même de chaque côté des partis belligérants. En second lieu, il n'y a ni nécessité ni utilité à ce que l'art de tuer en grand et de détruire selon les règles aille se perfectionnant : à mesure qu'il est devenu plus savant, les proportions du mal qu'il a produit ont été croissant ; il le sera donc toujours assez et trop : si l'on ne voit pas ce que l'humanité peut avoir à gagner à ce qu'il le devienne plus qu'il ne l'est déjà, on voit au contraire tout ce qu'elle aurait à perdre à ce qu'il le devînt toujours davantage.

Je reviens au cas extrême où le haut Tribunal, ayant épuisé les autres moyens d'arrangement, se verrait dans l'obligation d'opposer la la force commune à la partie agressive ; car, je le le répète, puisque nous tenons à ne point mériter le reproche, qui nous est si souvent adressé à tort, de nous complaire dans des conceptions utopiques, nous devons toujours supposer la possibilité de cette agression. On reconnaît que le Tribunal suprême n'atteindrait pas le but de son institution si les nations associées n'avaient pris l'engagement de se soumettre à ses décisions. Or il n'est pas moins évident qu'il pourrait arriver que la partie condamnée se refusât à cette soumission et même allât jusqu'à soutenir son refus par les armes. Dans ce cas extrême, les amis de la paix les plus patients sont bien forcés de reconnaître la nécessité de la défense. On n'oublie pas que nous raisonnons dans la supposition où il n'y a plus d'armées permanentes proprement dites, autres que les corps de gendarmerie et de milice municipale. La force publique, constituée par les contingents fixés d'avance et relativement très-restreints pour chacun des Etats associés, serait bien autrement redoutable que celle dont disposerait l'agresseur et qu'il ne pourrait commencer à organiser, en violant la disposition principale du Code international, sans qu'aussitôt l'attention du Tribunal suprême fût éveillée, une armée ne se levant pas du jour au lendemain. On conçoit que la force commune, organisée momentanément et à peu de frais et commandée en chef par l'homme que choisirait le Tribunal lui-même, en finirait bientôt avec qui voudrait engager une lutte aussi inégale et toujours plus improbable. Plus la confédération aura d'étendue, moindres seront les chances pour que cette lutte insensée s'engage, ou pour qu'une fois engagée elle se prolonge. Il faut bien comprendre que, dans l'ordre de choses sur lequel nous raisonnons, du côté de ceux qui auraient épuisé tous les moyens que peut suggérer la raison pour vivre en paix avec leurs voisins et qui se verraient injustement attaqués, se trouverait, indépendamment de la supériorité de force physique, une immense force morale, naissant du sentiment de leur bon droit et de la réprobation universelle qui s'élèverait contre les agresseurs.

Ai-je besoin d'ajouter que, dans cette guerre défensive, la confédération s'abstiendrait rigoureusement de tous actes de barbarie, tels que pillages, incendies, meurtres des adversaires ayant déposé les armes, prises d'otages, et autres faits de même sorte, trop souvent pratiqués autrefois et de nos jours mêmes, quoique réprouvés par les plus simples notions du droit naturel ?

Les amis font souvent à une cause par leurs inconséquences plus de tort que les adversaires déclarés ne peuvent lui en faire par leurs critiques. Un publiciste Belge, M. Émile de Laveleye, dans un livre plein de documents utiles et de vues élevées (*Des Causes de guerre dans l'Europe actuelle et de l'Arbitrage*, Paris, 1872), après avoir justement constaté que le seul moyen de combattre aujourd'hui le fléau de la guerre consiste dans l'établissement d'un Code de droit international et d'une haute Cour appelée à juger les différends futurs entre les gouvernements qui auraient accepté ce Code, arrive finalement à cette conclusion : La haute Cour ne disposera d'aucune force militaire pour mettre ses décisions à exécution ; *autrement*, dit-il, *les nations cesseraient d'être indépendantes, on aurait consacré un droit universel d'intervention et une nouvelle sainte alliance agrandie.* Ce sont là de regrettables assertions, renversant en quelques mots tout l'édifice que l'auteur venait d'élever à grands frais. Les nations faisant partie de la confédération, y seraient entrées librement ; par cela même elles auraient pris l'engagement de se soumettre, en cas de différends avec leurs coassociées, à la décision de la haute Cour internationale et de s'y laisser contraindre au besoin par une force matérielle qui serait aux ordres de cette même Cour. Ces nations ne cesseraient pas plus pour cela d'être indépendantes qu'un simple citoyen, qui consent à faire partie d'une société politique dont il s'engage par là même à respecter les lois, n'abandonne son indépendance propre en se soumettant à la décision d'un Tribunal civil, appuyée au besoin de contrainte matérielle, ordonnée par ce même Tribunal. Si l'on veut absolument qu'il y ait là une diminution de l'indépendance naturelle, je dirai que cette sorte de cession, faite en vue de la bonne harmonie entre associés, est éminemment raisonnable, et que c'est celle qui distingue l'homme sage et pacifique de l'homme insensé ou hargneux, l'homme civilisé du barbare ou du sauvage. Que signifierait, dans l'ordre civil, la sentence du juge, s'il n'existait pas une force suffisante à ses ordres pour la faire exécuter? Le condamné s'en moquerait. Il en serait de même si les nations se contentaient d'établir des arbitres ou des juges de leurs contestations, mais sans pourvoir aux moyens de faire respecter les décisions qui seraient prononcées. M. de Laveleye trouve dans notre solution *un côté uto-*

pique et dangereux, que les philanthropes, dit-il, *n'ont pas vu et qui a arrêté les hommes d'État.* Puis il écrit immédiatement cette phrase remarquable : « Le temps viendra où la fédération des peuples s'établira. Alors il y aura une haute Cour, semblable à celle des États-Unis, dont les décisions seront rendues exécutoires par voie d'autorité. Mais l'heure n'en est pas encore venue. » C'est-à-dire qu'il est forcé de reconnaître que notre solution, loin d'être utopique et dangereuse, est la seule vraie, la seule efficace ; mais il en renvoie l'exécution à une époque indéfiniment reculée. Nos adversaires le remercieront ; car aucun d'eux ne se refuse à déclarer qu'il voudrait bien aussi voir arriver les temps où les peuples ne s'entre-déchireront plus, mais que ces temps ne sont pas mûrs. Il faudrait pourtant en finir de ces banales imputations d'utopie, adressées aux philanthropes, imputations si peu justifiées et de si mauvais goût quand elles viennent de coreligionnaires. M. de Laveleye, qui est lui-même un philanthrope et des plus distingués, devrait savoir tout ce qu'il y a d'injuste dans de pareilles déclamations. Il n'est guère supposable qu'il n'ait jamais trouvé sur son chemin quelqu'un de ces corrupteurs du langage et des idées, qui en sont venus jusqu'à employer comme une injure cette expression même de *philanthrope*. Quant aux hommes d'État, on sait que leur rôle ordinaire est d'être ou de paraître effrayés des revendications philanthropiques. Mais celui de la philosophie n'est pas de se mettre à leur suite; bien au contraire elle a mission de les précéder et de leur montrer la voie. L'histoire n'offre pas d'exemple d'un progrès humanitaire qui ait pu être exécuté avant d'avoir été entravé de cette façon. Les assertions que je viens de relever sont concentrées dans un très-court chapitre IV de la troisième partie du livre de M. de Laveleye. En terminant ce chapitre, l'auteur affirme de nouveau que la haute Cour pourrait prononcer utilement toute décision que comporterait chaque cas de litige, *puisque*, dit-il, *les décisions ne seraient pas imposées par la force.* Nous soutenons au contraire qu'on s'en rirait alors, comme le voleur ou l'assassin se rirait de la sentence de la justice s'il ne voyait pas le gendarme derrière le juge.

« Alors, nous dira d'un air triomphant plus d'un adversaire, vous n'avez donc pas trouvé un moyen *infaillible* de rendre à tout jamais la guerre absolument impossible. » Hélas! non. Mais aucun de nous que je sache n'avait promis de le trouver. Nous savons trop bien que l'infaillibilité est en Dieu seul, et que notre humanité, quelques progrès qu'elle fasse, est et sera toujours imparfaite. Mais, parce qu'il lui reste toujours quelque progrès à accomplir, est-ce une raison pour qu'elle demeure stationnaire ou même pour qu'elle rétrograde ? C'est la conclusion contraire qu'il faut tirer. La philosophie et la religion ou pour mieux dire la philosophie simplement, car on sait déjà qu'à nos yeux ces deux choses n'en sont qu'une, la philosophie, dis-je, ne s'attribue point la mission impossible d'extirper entièrement le mal de ce monde, mais seulement de le combattre sans relâche et d'en amoindrir indéfiniment la somme. Tel est, nous l'avons dit déjà et nous ne devons pas craindre de le répéter, le rôle que lui assigne la divine sagesse par les seules inspirations naturelles de la raison, et il n'y a là ni rêve ni défaut de sens pratique. La démence est du côté de ceux qui, prenant leurs modèles dans le monde inférieur de la bestialité, dépourvu de ces notions morales et de ces sentiments sympathiques, apanage exclusif de notre espèce, osent soutenir qu'il est également dans la destinée des hommes de s'entre-dévorer et que les plus avisés, les plus forts, les mieux armés sont aussi appelés à vivre aux dépens des plus humbles, des plus faibles et des plus doux. Ces doctrines, si fort en faveur aujourd'hui et si effrontément appliquées, en politique et en économie, nous sont profondément antipathiques ; mais, loin de ralentir notre zèle, elles doivent nous exciter à poursuivre notre tâche avec une nouvelle ardeur. Quand nous n'aurions réussi qu'à supprimer quatre-vingt-dix-neuf chances de guerre sur cent ou même seulement, si l'on veut, neuf chances sur dix, et qu'à diminuer dans la même proportion l'étendue de sa durée et de ses ravages, ce serait encore un très-grand bien. Mais tout, dans les aspirations actuelles de la civilisation approchant de l'âge de la maturité, nous autorise à espérer que, la diffusion des lumières et le progrès de la moralité aidant, ce perfectionnement de notre condition terrestre, sans être jamais la perfection, sera bien près d'amener l'extinction de la guerre telle que nos devanciers et nous l'avons connue. Il faut aussi compter pour cela sur le progrès des institutions politiques. Cette dernière réflexion soulève une question qui se présente ici naturellement. Si je la passais sous silence, nos contradicteurs ne manqueraient pas de dire que nous dissimulons une des principales causes de retardement semées sur notre route. Je l'aborderai donc franchement et sans y trouver un motif de découragement.

Quelle est la forme de gouvernement qui se prêtera le mieux à la réalisation et au maintien de l'association des peuples ? Ce sera celle qui donnera aux gouvernés le plus de valeur morale en les disposant toujours davantage à respecter la justice. Or, sans entrer ici dans des explications détaillées que j'ai données dans mon livre *De l'Organisation du gouvernement républicain*, je puis dire au moins qu'un peuple qui comprendrait et pratiquerait le régime républicain dans toute sa sincérité et sa pureté, devrait être sage et juste, austère dans ses mœurs en même temps qu'éclairé, ami de l'ordre et par conséquent disposé à respecter l'autorité, qui là seulement a une origine véritablement légitime et peut être constamment empêchée de s'écarter du but de son institution. On peut sans doute m'objecter que l'opinion que j'émets à cet égard n'est qu'une opinion isolée au milieu de beaucoup d'autres opinions contraires. Il faut croire que ces opinions sont sincères et surtout désintéressées. Mais je désirerais que tous ceux qui partagent notre horreur de la guerre et qui demandent avec nous la suppression des armées permanentes dont l'existence même est la cause principale et incessante de la guerre, comprissent bien les conséquences de cette demande, et que, voulant le but, ils voulussent aussi les moyens. Quelle est en effet la plus forte objection de nos adversaires communs ? C'est incontestablement celle-ci, qui revient à chaque instant dans leurs discours ;

« Quand vous aurez imaginé la meilleure des combinaisons théoriques, quand vous l'aurez mise en pratique pendant quelques années, en supposant même que tous les Souverains actuels soient amis de la paix, vous n'empêcherez pas d'arriver, plus tôt ou plus tard, un moment où, dans le sein même de votre association, quelque Monarque ambitieux ou cupide, né avec l'amour de la *gloire* et la passion des conquêtes, qui est une des passions de la nature humaine, doué d'une grande habileté et se voyant placé par sa naissance ou par quelque autre caprice du hasard à la tête d'une puissante nation, croyant être ou voulant devenir plus fort à lui seul que le reste de la confédération, cherchera et trouvera des occasions pour troubler votre concert universel, soit par la violence soit par la ruse, et pour démolir à son profit ce bel édifice pacifique que vous aurez eu tant de peine à construire. » Contre ce danger dont la menace est permanente dans les monarchies, même *tempérées*, je ne vois, pour les nations européennes, de préservatif et de solide garantie que dans le système républicain, tel que les hommes vraiment sages le comprennent. Il va de soi que par ce système j'entends tout autre chose que ce qui nous est donné aujourd'hui sous l'étiquette menteuse d'une république plaçant le pouvoir dans les mains de ses ennemis déclarés et *conservant* intacts, souvent même avec aggravation, toutes les institutions, tous les vices et tous les abus de la monarchie. Un état de choses aussi radicalement faux ne saurait répondre à l'attente des républicains sérieux au nombre desquels j'espère que le lecteur veut bien me faire l'honneur de me comprendre.

Une des plus étonnantes naïvetés de ce temps est de compter sur le régime constitutionnel, sur le régime parlementaire pour lier les mains aux Princes et les empêcher de guerroyer contrairement aux volontés des peuples. C'est là une confiance de dupes. Depuis plus d'un demi-siècle que ce régime est passé de la Grande-Bretagne dans la plupart des États du continent, n'a-t-on pas vu les Monarques continuer de faire maintes guerres iniques et désastreuses comme aux plus beaux jours de l'absolutisme? Leurs parlements ne se sont-ils pas empressés, lors même qu'ils le faisaient à contre-cœur, de leur fournir les subsides nécessaires pour exécuter ces expéditions insensées, et lorsque par hasard un parlement a osé refuser l'argent, n'a-t-on pas vu un Monarque lever l'impôt au mépris de la Constitution, et puis recueillir des ovations de la part même de ceux qui avaient témoigné quelque velléité de mettre un frein à son humeur conquérante?

Il ne faut pas se le dissimuler, la grande mesure de l'union des peuples ne serait qu'un mot, si elle n'était pas accompagnée de la reconnaissance expresse de plusieurs libertés fondamentales, telles que la liberté religieuse, la liberté des échanges, et d'autres, qui supposent la chute de toutes ces barrières auxquelles les Monarques ont plusieurs raisons de tenir. Ce qui les désolerait surtout, ce serait la suppression de leurs armées, but principal de l'union, et la nécessité de reconnaître une raison supérieure et une force commune, auxquelles ils devraient soumettre leur jugement et leur volonté personnelle. Le pouvoir monarchique ne se comprend que là où il serait uni, comme il ne peut l'être qu'en Dieu, à une science et une sagesse infinies. Entre les mains d'un simple mortel, sujet à tant d'ignorance et d'imperfection, c'est une cause ordinaire de perversion pour celui qui l'exerce et de maux pour les peuples qui y sont soumis. Un tel pouvoir est de sa nature essentiellement envahissant; habitué à ne pas rencontrer de résistance dans ce qui l'entoure, il tend à s'accroître toujours, et les succès qu'il obtient, loin d'assouvir sa passion absorbante, ne font que l'aiguillonner davantage : aussi l'histoire nous dit-elle que toujours et partout la monarchie puissamment organisée a entretenu ces armées qui dévorent la substance des nations, et entrepris ces guerres qui engendrent tant de calamités. On m'objectera que les démocraties font aussi la guerre, on citera les républiques anciennes et, dans les temps modernes, les Cantons suisses et les États-Unis d'Amérique. Il n'y a pas là de véritable objection contre l'idée que je cherche à propager. Je parle de république respectant et appliquant dans toute leur sincérité les grands principes d'humanité, de justice, de liberté et surtout de la plus précieuse des libertés, de la liberté religieuse. Je ne veux point parler de démocraties conservant la plaie hideuse de l'esclavage ou enchaînant les consciences dans les liens d'une religion officielle. Voilà pourquoi les républiques anciennes s'entre-détruisaient, pourquoi les Cantons suisses et les États-Unis, qui pourraient d'ailleurs nous servir de modèles à beaucoup d'égards, ont encore eu naguère, les uns à subir leur guerre du Sonderbund, les autres à expier par un affreux déchirement intestin le crime de leur institution de l'esclavage.

Vers le milieu du siècle dernier, Rousseau signalait les obstacles invincibles que le système monarchique opposait au projet de paix perpétuelle de l'abbé de Saint-Pierre. Depuis un siècle, de grands événements politiques ont levé plusieurs de ces obstacles. Il n'en sera pas moins utile de méditer encore aujourd'hui sur ces paroles du grand écrivain, qui n'a pas toujours mis son éloquence au service d'une aussi bonne cause : « Toute l'occupation des Rois ou de ceux qu'ils chargent de leurs fonctions se rapporte à deux seuls objets, étendre leur domination au dehors et la rendre plus absolue au dedans : toute autre vue ou se rapporte à l'une de ces deux ou ne leur sert que de prétexte; telles sont celles du *bien public*, du *bonheur des sujets*, de la *gloire de la nation*, mots à jamais proscrits du cabinet et si lourdement employés dans les édits publics qu'ils n'annoncent jamais que des ordres funestes, et que le peuple gémit d'avance quand ses maîtres lui parlent de leurs soins paternels. Qu'on juge sur ces deux maximes fondamentales comment les Princes peuvent recevoir une proposition qui choque directement l'une et qui n'est guère plus favorable à l'autre..... Je demande s'il y a dans le monde un seul Souverain qui, borné ainsi pour jamais dans ses projets les plus chéris, supportât sans indignation la seule idée de se voir forcé d'être juste non-seulement avec les étrangers mais même avec ses propres sujets. Il est facile encore de comprendre que d'un côté la guerre et les conquêtes, de l'autre les progrès du despotisme s'entr'aident mutuellement; qu'on prend à discrétion, dans un peuple d'esclaves, de l'argent et des hommes pour en subjuguer d'autres ; que réciproquement la guerre fournit un prétexte aux exactions pécuniaires et un autre non moins spécieux d'avoir toujours de grandes armées pour tenir le peuple en respect. Enfin chacun voit assez que les Princes conquérants font pour le moins autant la guerre à leurs sujets qu'à leurs ennemis..... Quant aux différends entre Prince et Prince, peut-on espérer de soumettre à un Tribunal supérieur des hommes qui s'osent vanter de ne tenir leur pouvoir que de leur épée, et qui ne font mention de Dieu même que parce qu'il est au ciel?..... Les ministres ont besoin de la guerre pour se rendre nécessaires, pour jeter le Prince dans des embarras dont il ne se puisse tirer sans eux et pour perdre l'État, s'il le faut, plutôt que leur place ; ils en ont besoin pour vexer le peuple sous prétexte des nécessités publiques ; ils en ont besoin pour placer leurs créatures, etc..... Ils perdraient toutes ces ressources par la paix perpétuelle. Et le public ne laisse pas de demander pourquoi, si ce projet est possible, ils ne l'ont pas adopté ! Il ne voit pas qu'il n'y a rien d'impossible dans ce projet, sinon qu'il soit adopté par eux. Que feront-ils donc pour s'y opposer? Ce qu'ils ont toujours fait : ils le tourneront en ridicule. » (*Jugement sur la paix perpétuelle.*)

CHAPITRE IV

OBJECTION DÉSESPÉRÉE DE QUELQUES ADVERSAIRES. — CONSEIL AUX AMIS DE LA PAIX RELATIVEMENT A L'ÉDUCATION DE LEURS ENFANTS.

Ma tâche finirait ici, n'était une catégorie d'adversaires à qui je dois aussi une réponse, qui sera un nouvel emprunt d'ajouté à ceux que cet opuscule a déjà faits à mon livre *De la Guerre et des Armées permanentes.* Ces adversaires à qui il faut des spectacles et des divertissements à tout prix, ne reprochent pas à l'avenir que le présent annonce et prépare d'être trop beau. Les yeux sans cesse tournés vers un passé qu'ils regrettent et qu'ils voudraient faire revivre, ils le trouvent supérieur au présent et surtout à l'avenir, par cela seul qu'ils y voient ce pittoresque et cette poésie vulgaire dont ils se contentent. Il faut s'entendre et ne pas lire seulement quelques pages du grand livre de la nature sans tourner les feuillets. Il est incontestable qu'à mesure que le progrès de la civilisation introduit le bon et l'utile dans la vie humaine, il y a un certain pittoresque et une certaine poésie même, si l'on veut, qui en disparaissent. Assurément il y a plus de pittoresque dans une forêt vierge et dans ses sauvages habitants que dans nos champs ensemencés et dans les populations qui les arrosent de leurs sueurs; dans les cérémonies payennes et les pompes éblouissantes des cultes qui parlent aux yeux et à l'imagination, que dans la noble simplicité d'un culte qui s'adressera avant tout à la raison, ne donnant aux sens que leur stricte et légitime satisfaction, et ne réunissant les hommes que pour leur apprendre chaque fois à faire un nouveau pas dans la voie de leur véritable amendement ; dans un vieux monastère, caché au fond d'un frais vallon, ou dans un château gothique, assis fièrement sur un roc escarpé, que dans une rue bien alignée de nos cités ou dans l'élégante villa d'un commerçant enrichi ; dans une de ces bandes de brigands ou de mendiants, fort beaux en peinture et dont les espèces s'éteignent heureusement, que dans une famille d'artisans honnêtes et timides ; dans une armée rangée en bataille ou paradant au soleil, que dans une troupe d'ouvriers travaillant dans un atelier. Mais, sous ce pittoresque du passé, il faut voir aussi les affreuses réalités qu'il recouvrait et qui composaient la majeure partie de la vie humaine. Il faut voir, dans cette forêt vierge, l'hébêtement ou la férocité de ces hordes qui s'y disputaient avec les bêtes leur chétive nourriture ; dans ces multitudes, qui ne sont religieuses que par les sens et l'imagination, cette absence affligeante de véritable développement intellectuel et d'amélioration morale ; aux pieds de ce vieux monastère ou de ce château gothique, ces populations dégradées et vivant honteusement d'abrutissantes aumônes ; parmi ces bandits ou ces estropiats la barbarie et la fainéantise ; dans ces brillants soldats enfin, les instruments aveugles du despotisme et de la destruction et les désœuvrés corrupteurs des mœurs. C'est pour le sage un spectacle qui navre le cœur que celui de toutes les misères dont l'humanité a été accablée jusqu'ici, et loin qu'il regrette de voir s'amoindrir cette source de tristes émotions et de peintures dramatiques, il voudrait pouvoir la tarir entièrement : et en cela il ne croirait nullement dépouiller l'existence humaine de sa meilleure et plus noble poésie. Il y aura toujours, dans le monde physique comme dans le monde moral, de quoi éveiller et nourrir le sentiment du beau, et les artistes qui craindraient de manquer désormais de sujets propres à exercer le génie, prouveraient par là qu'ils sont aussi dépourvus d'intelligence que de talent. Est-ce que l'homme, en arrachant à la nature une partie de ses secrets et en la forçant à se plier avec moins de résistance à ses besoins, ne découvre pas de nouvelles sources de douces émotions et de sentiments élevés ? Parce qu'il aura émoussé les plus rudes aspérités de son séjour, parce qu'il aura fait de prodigieux efforts pour en chasser la misère et l'ignorance, qui y occuperont toujours une trop grande place, parce qu'il aura défriché des landes, assaini des vallées, abrégé l'espace et ménagé le temps et la peine, on crie que tout est perdu pour les arts. Mais les grandes scènes de la nature ne sont-elles pas toujours là pour inspirer qui sait les regarder et qui les comprend? A-t-on supprimé les montagnes et les vallons, les torrents et les ruisseaux, l'océan et les tempêtes, les volcans et les tremblements de terre, les nuages et la foudre ? En atténuant autant que possible les incendies, les inondations et la peste, en cherchant surtout à prévenir désormais cet autre fléau qui les résume tous, l'horrible fléau de la guerre, supprime-t-on cette riche nature morale, qui doit aller toujours s'épurant et s'agrandissant, supprime-t-on la lutte du bien contre le mal, les efforts de la volonté contre les passions et les intérêts, les douleurs et les triomphes de l'épreuve ? Poëtes, peintres, statuaires, artistes de tout genre, au lieu de prostituer votre talent à décrire ou à représenter des batailles aussi hideuses au point de vue moral que dégoûtantes et ineptes sous le rapport artistique, célébrez la dignité humaine restaurée, la liberté près d'être reconquise et toutes les merveilles d'un monde nouveau d'idées et de sentiments. Marchez avec les générations nouvelles, confiants dans l'inépuisable fécondité de la nature, vers cet avenir aux confins duquel nous touchons déjà et qui vous ouvre de nouveaux horizons. Si quelquefois vous aimez comme nous à reporter vos regards vers les temps anciens, dans lesquels nous ne nions certes pas qu'il n'y ait aussi beaucoup de bonnes et grandes choses à admirer, que ce soit pour exciter cet intérêt de curiosité qui s'attache aux souvenirs et aux vieux débris, et non pour soupirer d'inutiles et coupables regrets. Quand vous nous peindrez les ruines, belles uniquement en tant que ruines et vues de loin, d'un lugubre passé, que ce soit pour nous ramener ensuite, pleins de reconnaissance pour l'infinie bonté de Dieu, vers un présent meilleur malgré ses misères encore trop nombreuses, et pour nous faire pressentir, par la comparaison de ce qui fut avec ce qui est, ce qui doit être et ce qui sera.

Nos dernières paroles s'adresseront aux amis de la paix. Nous les conjurons d'y penser : s'ils veulent arriver au but qu'ils se proposent d'atteindre, ils doivent commencer par élever leurs enfants autrement qu'ils ne le font aujourd'hui, leur mettre entre les mains des livres dans lesquels l'histoire réelle leur soit montrée sous son véritable jour, et ne confier le soin de former leur esprit et leur cœur, quand il leur est impossible de s'en charger eux-mêmes, qu'à des maîtres éprouvés et fermement dévoués à l'œuvre de l'abolition de la guerre. L'éducation actuelle est en contradiction perpétuelle avec nos principes. Elle n'est nullement propre à inspirer aux jeunes gens des sentiments pacifiques. La poésie et tous les autres arts contribuent à altérer leurs dispositions bienveillantes, en leur faisant admirer les exploits militaires, dont ils ne leur montrent que les côtés brillants, leur en dissimulant toujours les côtés odieux. Ils fascinent leurs regards par des trophées étincelants et charment leurs oreilles par des chants de triomphe, quand il faudrait frapper leur imagination de ces spectacles affreux qui se montrent à chaque pas sur les champs de carnage. Les divins accords de l'art le plus doux et le plus propre à apaiser les troubles de l'âme, sont employés à exalter la plus dure et la plus farouche des passions et mis au service de la science de la destruction. Que de jeunes gens, rien qu'en regardant parader un régiment au son d'enivrantes harmonies, se sont cru une vocation pour la profession des armes, et ont ainsi laissé détourner de leurs fins et déplorablement égarer leur activité et leur énergie! Quel désenchantement lorsqu'en un jour de bataille ils n'ont plus entendu d'autre musique que l'effroyable tonnerre de la canonnade et des feux de pelotons, mêlé aux gémissements des mourants, et lorsque ces beaux uniformes et ces armes qu'on avait fait scintiller à leurs yeux éblouis ont été souillés de sang et couverts des entrailles jaillissantes de leurs compagnons d'infortune! Heureux encore s'ils ont pu échapper aux suprêmes et indescriptibles agonies de tant d'autres héros avortés, qui délaissés pendant des jours et des nuits au milieu de monceaux de chair humaine, pétrie dans la boue et le sang par les pieds des chevaux et les roues des chars, ont expiré obscurément, en désespérés, appelant leurs mères et leurs frères et sans rencontrer un regard compatissant! Disons enfin qu'en ces matières les auteurs grecs et latins abondent en exemples et en principes mauvais, tout en étant, sur d'autres sujets, pleins de beaux exemples et de bons préceptes. A Dieu ne plaise que je propose de les exclure de l'instruction classique, ce qui ne pourrait se faire qu'au grand dommage de la culture intellectuelle et de la connaissance approfondie de nos langues européennes, filles ou sœurs des deux plus beaux et plus riches instruments du langage humain. Mais je voudrais qu'on ne les fît servir à l'éducation qu'accompagnés d'enseignements destinés à en prévenir les dangers. La philosophie a pour mission d'enseigner que la véritable gloire, pour les individus comme pour les nations, consiste à faire du bien aux hommes, en améliorant leur existence matérielle en même temps qu'en faisant progresser leur intelligence et leur moralité, et non à ajouter toutes sortes de maux aux maux inévitables qui sont naturellement attachés à la condition humaine. Mais sa tâche est rendue plus difficile quand déjà les études historiques et esthétiques ont imbu les jeunes gens de faux principes. Il faut donc que l'histoire leur soit enseignée désormais avec plus de saine critique, et que leur éducation littéraire se fasse dans un nouvel esprit. Encore une fois, si les amis de la paix tiennent à être conséquents à leurs principes, ils doivent écarter avec le plus grand soin de l'éducation de leurs enfants les enseignements et les exemples qui y sont opposés. Malheureusement les hommes qui, au milieu de tant d'autres graves intérêts, remis entre leurs mains, sont chargés de pourvoir à ceux de l'instruction publique, sont bien loin de comprendre l'importance et la sainteté de cette partie de leur tâche. Pour surcroît de calamité, voilà que, d'après la nouvelle loi militaire d'importation prussienne, les jeunes Français, à l'âge même où les passions parlent un langage plus séduisant et plus écouté que celui de la raison et où ils auraient par conséquent plus besoin que jamais de demeurer sous l'autorité et la direction paternelle, sont si tristement enlevés aux influences moralisantes de la famille, et doivent tous subir le régime de la vie de caserne et des camps, les pauvres pendant quatre ans, les riches pendant un an au moyen du volontariat, privilége anti-démocratique que ces derniers seuls peuvent payer, et qui sème les jalousies et les haines entre des classes animées déjà de sentiments trop peu bienveillants. A-t-on pensé aux collisions pouvant résulter d'un pareil antagonisme entre les éléments d'une même armée et aux dangers que peut, à un moment donné, faire courir à la chose publique cette façon d'entendre et d'appliquer l'égalité républicaine ? Enfin les élèves des colléges sont exercés aujourd'hui au maniement du chassepot et aux manœuvres militaires et ils passent des revues. Outre le trouble moral introduit ainsi dans nos écoles, on comprend comment les études se trouvent de ce régime. Dans la conclusion de son *Histoire du second Empire*, § LIII, tome VI, Paris, 1875, M. Taxile Delord constate que beaucoup de familles et non pas les moins éclairées considéraient alors l'armée comme une institution qui les débarrassait de leurs *membres inutiles et de leurs mauvais sujets.* On pourrait croire qu'il en est encore de même aujourd'hui, quand on voit tant de gens applaudir à la situation présente : cette situation, résultat de la perturbation mentale causée par nos derniers désastres, ajoute donc aux obstacles qui nous séparent encore de notre but, et il semblerait dès lors que nous dussions moins que jamais espérer d'y arriver. Il n'en est rien pourtant, et l'inébranlable foi que nous avons dans la puissance de la raison, nous autorise, en terminant cet écrit, à redire comme au début, que les retards apportés au triomphe d'une cause vraie et juste, ne doivent qu'exciter notre persévérance à la servir.

TABLE DES MATIÈRES

PARIS. — TYPOGRAPHIE DE ROUGE, DUNON ET FRESNÉ,
rue du Four-Saint-Germain, 43.

OUVRAGES DU MÊME AUTEUR.

EXAMEN CRITIQUE DES DOCTRINES DE LA RELIGION CHRÉTIENNE. 2 volumes grand in-8°, 4e édition, 15 fr.

RÉNOVATION RELIGIEUSE. 1 volume grand in-8°, 4e édition, 7 fr. 50.

DE LA GUERRE ET DES ARMÉES PERMANENTES. 1 volume in-8°, 3e édition, 6 fr.

DE L'ESCLAVAGE CHEZ LES NATIONS CHRÉTIENNES. 1 volume in-18, 3e édition, 3 fr.

DE L'ORGANISATION DU GOUVERNEMENT RÉPUBLICAIN. 1 volume in-8°, 5 fr.

Paris. — Typ. de Rouge, Dunod et Fresné, rue du Four-St-Germ., 43.

www.ingramcontent.com/pod-product-compliance
Ingram Content Group UK Ltd.
Pitfield, Milton Keynes, MK11 3LW, UK
UKHW021051230726
13926UKWH00004B/1774

9 782013 592260